Erich Haller

Die Offenbarungen
3000

Ein Buch der
Superlative
und die Biographie

Copyright © 2003 by Erich Haller

Alle Rechte, auch die der Übersetzung, vorbehalten. Ohne ausdrückliche, schriftliche Genehmigung des Autors dürfen weder das Buch noch Teile daraus in irgend einer Form kopiert, vervielfältigt, verfilmt oder auf elektronische Speicher übertragen werden.

Lektorat: Ursula Fricker, www.my-e-secretary.com

Gesamtherstellung: Editions Zürich GmbH

ISBN:3-908730-22-8

Inhaltsverzeichnis

1	Die Offenbarungen 3000	8
2	Gott, das All, die Engelhierarchie und die Ruhe	10
3	Die drei Kriterien	12
4	Schöpfungsablauf, Paradies und Evolutionen	14
5	Das Universum	22
6	Die Ausserirdischen	33
7	Die Galaxie Milchstrasse und die Sterling-Pyromeidas	41
8	Die Forschung und ihre Grenzen	43
9	Körper, Geist, Seele u. Gedanken	47
10	Schicksal und Karma	53
11	Die Inkarnation	56
12	Das Tor ins Jenseits	61
13	Der letzte Kampf und die Wiederkunft des Allmächtigen	64
14	Tiere und Mensch	67
15	Das Schwert u. die Gerechtigkeit	72
16	Bibel, Kulturen und Religionen	74
17	Terrorismus, Leben u. Demokratie	81
18	Die Biographie	96
18-1	Geburt, erste Pflegeeltern, Totenschau	96
18-2	Zweite Pflegeeltern	99

18-3	Unfall Kopfverletzung, Mystik, Waffen, Steinschleuder	104
18-4	Allergie, Kellerangst	109
18-5	Sonntagsschule, Glaube, Schräubchen verloren	113
18-6	Flussbaden, Spitalmitpatient, Lehrstelle	115
18-7	Lungenriss, Loch im Rücken, Nasenbruch	120
18-8	Pilotenprüfung, Flugzeugbau, Vollrausch, Flugzeug im Gewitter, Flugzeugabsturz	122
18-9	Rekrutenaushebung	125
18-10	Die Kampfbahn	127
18-11	Erste Arbeitsstelle in Genf, Weltjugendfestspiele in Prag	129
18-12	Volontär, zweite Arbeitsstelle in Zürich	135
18-13	Adventisten, Missionsschule	136
18-14	Hunde, Wanzen, Pflege im Hotel	139
18-15	Reiche Michele, Predigen, Universität	142
18-16	Nicole, der blonde Engel	146
18-17	Reicher Schneider, Nähmaschinen-Revision	148
18-18	Bergwerk Besichtigung, Arbeit im Konstruktionsbüro von Benne Marell	152
18-19	Rückkehr in die Schweiz	154

18-20	Kosakentournee	155
18-21	Neustart ins Berufsleben	160
18-22	Der Weg ganz unten durch	162
18-23	Spezialmaschinen, Erfahrungen im Glauben	169
18-24	Die weisse Villa und die Neugeborenen	171
18-25	Alarmgeräte für Südafrika	174
18-26	Das Bündner Spanplattenwerk und der Freizeitausflug	175
18-27	Projekte und Fernbedienungsanlagen	178

Beispiele von grösseren Spezialprojekten 183

18-28	Sandoz	183
18-29	Ciba-Geigy	184
18-30	Brown-Boveri Personalbauten	184
18-31	Siemens	184
18-32	Gasverbund Mittelland AG	185
18-33	Parkhaus Hohe Promenade	185
18-34	Kraftwerk im Wallis	186
18-35	Zoo Basel	187
18-36	Der Salto Mortale	190
18-37	Technik in der Bildergalerie	193
18-38	Beleuchtungen	193

Das Leben und die Frauen 196

18-39	Tamara	196
18-40	Jasmin	198
18-41	Eva	200
18-42	Tina	202
18-43	Bahnhofbrücke, Augen geöffnet	205
18-44	Die Atomexplosion	207
18-45	Tauchen im Roten Meer	209
18-46	Hüftgelenkoperation, der Engel in der Heiligen Nacht	215
18-47	Prostataoperation	218
18-48	Leistenbruchoperation	221
18-49	Schlaganfall	223
18-50	Japanaufenthalt, Rauchen aufgegeben	227
18-51	Das Ferienhaus	233
18-52	Die Dobermann-Hündin Jolanda	237
18-53	Die Rotschwanzdrossel	245
18-54	Die Heilsarmee	249
18-55	Der letzte Lebensabschnitt und die Seniorenarbeit	250
18-56	Alles nur geliehen	256

Nachwort 258

Vorwort

Es war nicht meine Absicht, mit diesem Buch eine zusätzliche Unterhaltungslektüre oder eine neue Religion zu gründen, sondern möglichst eine grosse Leserzahl zum Nachdenken über das Unbekannte anzuregen. Der Ablauf meines eigenen Lebens dürfte ein Hinweis zum Inhalt dieses Buchs sein. Wenn ich damit für viele einen Lichtstrahl aussenden konnte, war die Arbeit nicht umsonst.

Ich habe mich bemüht, dieses Buch möglichst kurz zu fassen und so zu schreiben, dass es alle, die es verstehen möchten, auch verstehen können. Das Geschriebene wurde mir in Gedanken übertragen, weil sich Menschen zu allen Zeiten für den höchst interessanten Prozess von Werden und Vergehen, für das Diesseits und das Jenseits brennend interessierten. Alles und vor allem Details werden wir nie erfahren, weil unser Verstand auch gar nicht dazu geschaffen ist. Das *Warum* wird immer ein Rätsel bleiben. Die Erkenntnis ist das wertvollste Gut und steht allen zur Verfügung, die darum bitten. Zu allen Zeiten wurden Menschen nach dem Willen des Schöpfers harten Prüfungen unterzogen, um über Rationales und Irrationales zum Segen aller Erdenbewohner beizutragen.

1 Die Offenbarungen 3000

Diese Offenbarungen wurden geschrieben, damit sich jeder Leser seine eigenen Gedanken machen und das Gehirn auf Trab halten kann. Zu begreifen gibt es nichts, von niemandem. Viele wären schon zufrieden, und ihr Wissensdurst wäre gelöscht, wenn sie sich nur eine vage Vorstellung machen könnten über den Prozess des Seins, des physischen und geistigen Lebens im Umfeld des göttlichen Wirkens.

Das Unbekannte über Werden und Vergehen sowie die vielfältigen kosmischen Energiepotenziale und deren Abläufe hat die Menschen schon immer fasziniert und zu philosophischen Deutungen und Erklärungen veranlasst. Dabei spielen einerseits Völkerkulturen mit ihren Glaubensauffassungen und Zeremonien sowie anderseits Forschung und Wissenschaft mit ihren Erkenntnissen eine zentrale Rolle. Entstandene Widersprüche und deren vielseitigen Deutungen halten Gelehrte, Forscher und andere Neugierige auf Dauertrab. So pulsiert das Leben, und der Glaube an das immer Verborgene, unerklärlich Bleibende wird gestärkt und bekommt plötzlich einen Sinn.

Die Gedanken, welche zur Realisation dieses Buches führten, wurden mir übertragen, weil ich immer darum gebeten habe und mich schon als Kind das Übernatürliche und Rätselhafte brennend interessierte. Ich bin mir auch bewusst, dass kein menschlicher Verstand diese Offenbarungen begreifen kann. Es war bei mir reine Neugierde, welche die Zuversicht und Hoffnung bestätigen soll, dass das Leben keinesfalls im Nichts enden wird. Es soll auch klar gemacht werden, dass nur das positive Denken, Leben und Erleben zum Ziel führt. Der Weg ist lang, schmal, rätselhaft, und wer ihn geht, wird aus dem Dunkel ins Licht geführt. Die Wissenschaft möchte gern alles wissen, aber gleichzeitig auch analysieren, beweisen und verstehen, obwohl damit für das allgemein menschliche Wohlergehen kein Nutzen erzielt werden kann.

2 Gott, das All, die Engelhierarchie und die Ruhe

Die Wächter des göttlichen Thrones sind Engelwesen mit 4 Flügeln und Rad, dessen Bedeutung hier ohne Erklärung bleibt. Der Seraph, ein sechsflügliges Engelwesen, schwebt über dem thronenden Herrn und singt das dreimal Heilig. Die Seraphim bilden einen der neun Engelchöre. Sie sind die mächtigsten Wesen dieser Hierarchie. Nur in einer Umgebung der absoluten irdischen Ruhe öffnet sich dem Blick eines Sehers ein unbeschreiblich kleines Mass in die Tiefen der rein geistigen Ewigkeit der alles beherrschenden Ruhe.

Das All besteht aus den rein geistigen Sphären Gottes und seinem grössten Schöpfungswerk, dem Universum. Die immer und ewig währenden spirituellen Sphären haben weder Anfang noch Ende. Sie sind das alles Beherrschende, das umfassende und durchdringende Licht, die Wahrheit, die Liebe und die Ruhe.

Hier residiert Gott mit seinem Generalstab, den höchstrangigen Engelwesen der göttlichen Elite. Sie sind über die geheimsten Pläne ihres Meisters und Vaters orientiert. Gott kennt aber auch die Gedanken seiner Untergebenen. Er wusste, dass einer sein Feind würde, sobald sein wichtigstes Schöpfungswerk vollendet war.

Die ewigen, unendlichen, rein geistigen Bereiche Gottes bestehen aus einem Energiepotenzial, das alles schafft, beherrscht und dessen Ursache die Liebe ist. Die metaphysische Welt wird bewohnt von gigantischen Heerscharen dienstbarer Geistwesen Gottes. Diese makellose geistige Einheit ist wie eine Hülle, welche das materielle Universum umgibt. Die geistigen Zonen des materiellen Raumes haben eine ähnliche Frequenz wie der davon abgewandelte menschliche Geist. Im materiellen Raum gibt es zahlreiche Energiearten, und diese sind bei entsprechender Synthese und Kollision hoch explosiv. Es wird aber alles aus der rein geistigen Umgebungshülle gesteuert und unter Kontrolle gehalten.

Gott hat das materielle Universum erschaffen, und es wird ständig verändert. So ist es auch mit den zahlreichen Bewohnern. Wir sind ein Versuch nach dem Willen des Schöpfers, über eine einzigartige Entwicklung das Endziel zu erreichen, nachdem der direkte Weg von der geistigen Macht des Bösen (Luzifer) vereitelt wurde. Auch Gott hat seine Gegner, aber er bleibt immer Sieger.

3 Die drei Kriterien

Die ewigen Gefilde Gottes, die dienstbaren Geisterlegionen, das Licht und die Dunkelheit haben weder Anfang noch Ende. Im göttlichen Zentrallicht residiert das Wort, der Weg, die Wahrheit, die Liebe und das Leben. Die hoch brisante Energiequelle kann auf Befehl des Schöpfers das ganze Universum zum Verschwinden bringen, so wie es geschaffen wurde.

Der Planet Erde mit seinen ständig veränderten Strukturen, die Entwicklung von Natur, Mensch und Tier, bilden die Evolution nach dem Willen des Urhebers. Gott erschuf unsere Erde, auf der sich vor dreihundert Millionen Jahren die gesamte Vegetation, die Tierwelt und der Mensch nach dem Sündenfall entwickelt hat.

Die Aktivitäten im gesamten Universum sind das Produkt der zahlreichen und sich ständig wandelnden Energieformen. Das einerseits daraus resultierende Chaos und anderseits die Ordnung halten sich die Waage. Es entstehen dunkle Löcher im Universum, weil ganze Planetensysteme, Galaxien und Kosmose durch Explosionen verschwinden und ebenfalls wieder neue geschaffen werden. Das Universum mit seinen Bewohnern wird auch immer wieder verändert, letztmals vor hundertzwanzig Milliarden Jahren.

4 Schöpfungsablauf, Paradies und Evolutionen

Gott wollte zwei Wesen nach seinem Ebenbild schaffen und ihnen ein kleines Paradies (die Erde) reservieren. Sie sollten die Lieblinge Gottes sein und dabei über der Engelhierarchie stehen. Der feindliche Engel war Luzifer, der Konkurrenz fürchtete, weil er selber so mächtig sein wollte wie Gott.

Luzifer wusste aber auch, dass der Mehrheit des Engelgeneralstabs das wichtigste göttliche Projekt (die Erschaffung neuer unfehlbarer Wesen, die über der Engelhierarchie stehen sollten) nicht genehm war. Aber bis auf Luzifer getraute sich keiner, sich gegen diesen Plan aufzulehnen, weil die Ergebenheit zu ihrem allmächtigen, gütigen Herrn und Meister stärker war.

Die Erschaffung des Universums, der Ausserirdischen, der irdischen Evolutionswesen und anderer sowie der separat hervorgebrachten Paradiestiere und Menschen, sollte nicht als *eine* Evolution vermischt oder gesehen werden. Es sind alles *separate Werke* Gottes, und alle haben ihre Berechtigung. Es gibt mit oder ohne Gott keine in sich verflochtene Gesamtevolution. Deshalb wird darüber immer -

aber ohne neue unfehlbare Erkenntnisse - gerätselt werden.
Es haben sich auf dieser Erde während einer Milliarde Jahren Entwicklungsprozesse als Vorboten kommender Ereignisse abgespielt. Diese wurden alle als Experiment des Schöpfers eingeleitet und gesteuert. Während siebenhundert Millionen Jahren wurde die Natur für die kommende Tier- und Menschengeschichte vorbereitet.

In den vergangenen dreihundert Millionen Jahren befasste sich die Wissenschaft mit der Ökologie der Anfangsprozesse, deren Lebewesen und der Alterung der Materie, worauf sie grösserenteils ihre Rückschlüsse zieht. Die Forscher können nicht wissen, was in den anfänglichen siebenhundert Millionen Jahren passiert ist. Allgemeine Funde (Fossilien usw.) sind das Produkt aus der Endzeit von dreihundert Millionen Jahren der letzten Evolution. Es sind keine Hinweise auf die später erschaffenen vollentwickelten Tier- und Menschenarten.

Die Worterfinder tauften die sich angeblich in Entwicklung befindende Menschengattung Homo sapiens aus der Familie der Hominiden. In der Unterteilung ergeben sich Vormenschen, Urmenschen und Echtmenschen als angenommene Hinweise auf die Evolutionsgeschichte der Menschengattungen, die so aber nie stattgefunden hat und sich auch nicht belegen lässt. Es betrifft alles nur die genannten Prozesse der Evolutionstiere sowie der Ökologievorbereitung.

Weiter geht die Reise über Frühmenschen (Chinamensch), Altmenschen (Neandertaler) und der Jetztmenschen, mit den angeblichen Merkmalen des Homo sapiens, sowie Menschenaffen, welche gemeinsame Vorfahren haben sollen. Aber die Brücke zum später erschaffenen, organisch voll entwickelten Jetztmenschen als Untermauerung der Evolutionstheorie fehlt. Darum ist es richtig, dass Gott als Krönung seiner Gesamtschöpfung die organisch vollentwickelten friedlichen Tiere und, über Adam und Eva, die vollentwickelten Menschen separat erschaffen und beide zur Rückführung zum Ursprung bestimmt hat. Natürlich hätte Gott alles über Evolutionen vollbringen können, aber er hat es anders geplant, und deshalb bleibt es sein Geheimnis.

Als Aufenthaltsort für seine Kinder und menschlichen Ebenbilder wurde die Erde bestimmt, welche sich im Zentrum des Universums in unserem Sonnensystem um die eigene Achse dreht und ihre Bahnen um die Sonne zieht. Die Realisierung dieses einmaligen, zeitlich befristeten Werkes begann vor dreihundert Millionen Jahren.

Unser bis anhin ein tristes Dasein fristender Planet Erde wurde plötzlich auf ein Wort von höchster Ebene mit einem so intensiven Licht bestrahlt, das die karge Oberfläche sofort in eine Vegetation von unfassbarer Schönheit verwandelte und mit friedfertigen Tieren belebte. Alle Tiere waren zahm und verspeisten einander nicht. Sie ernährten sich je nach Art von der reichhaltigen Natur. Es sind unsere uralten Vorfahren und lang vor dem Mensch auf der Erde. Auch unzählige Gattungen von Ausserirdischen belebten schon immer das Universum.

Die Tiere staunten und freuten sich, als sie nach geraumer Zeit unerwartete Gesellschaft bekamen. Der Himmel verwandelte sich in ein sagenhaftes Farbenmeer von unglaublicher Intensität. Aus diesem schwebten die vollkommensten und lieblichsten Wesen, die es je gab, auf das paradiesische Festland nieder. Ein Blitzstrahl durchzuckte das Farbenlicht - der Lebensodem Gottes fuhr in die Wesen hinein und machte sie zu lebendigen Seelen. Sie hüpften, tanzten und freuten sich mit den Tieren und der ganzen Vegetation an diesem wundervollen Erdenparadies - Adam und Eva waren geschaffen. Die friedlichen Tiere wurden ihre Spielgefährten.

Diesen zwei ersten Paradiesmenschen wurden Verhaltensregeln auferlegt, welche ihre Handlungsfreiheit in keiner Weise einschränkten, sie aber vor der

Erkenntnis von Gut und Böse schützen sollten. Trotzdem gelang es Luzifer mit seiner Engelsstimme, die ersten Erdenbewohner zu verleiten, die Regeln nicht zu beachten und nur ihm zu glauben. In diesem Moment war das Unglück passiert. Eine weitere Naturrevolution und die menschliche Inkarnation wurden eingeleitet.

Nach diesem tiefen und folgenschweren Fall unserer Urahnen verdunkelte sich der Himmel und löschte unter starkem Donnergrollen die paradiesische Vegetation aus. Im selben Augenblick verwandelte sich die Erdoberfläche in eine unebene Wüstenlandschaft mit grösseren und kleineren Wassertümpeln. Auch die friedfertige Art der Tiere und Menschen (Adam und Eva) veränderte sich. Das Sonnenlicht unseres Planetensystems wurde schwächer im Vergleich zum gewesenen Paradieslicht. Auch die Planeten unseres Systems sowie die veränderten Umweltzustände übten einen Einfluss auf das Verhalten der veränderten Wesen und der Natur aus.

Tiere und Vegetation mussten sich langsam neu und mühsam entwickeln. Gott hat den komplizierten, langwierigen Prozess immer begleitet und allmählich im Verlauf von dreihundert Millionen Jahren die mannigfaltige Eigengestaltung in den Mensch und die Tierwesen einfliessen lassen.

Diese neue Ära war Anfang eines von vielen negativen Strömungen geprägten Alltags für Mensch, Tier und Natur. Die Nachkommen von Adam und Eva entwickelten sich zum Teil nach den Richtlinien der späteren biblischen Geschichte. Sie waren sich wegen des Sündenfalls ihrer Fortpflanzungspflicht und der Fehlbarkeit bewusst und mussten sich aus primitiven Anfängen bis zu den heutigen Verhältnissen emporarbeiten. Weil sich die Menschen über die ganze Entwicklungsgeschichte durch negatives Handeln oft in schwere Krisen stürzten, musste Gott mehrmals eingreifen, damit sein Werk vollendet würde. Der Lebensodem Gottes fliesst seit Anbeginn automatisch in den Entwicklungsprozess aller Kreaturen ein.

Jetzt begann auch das Zerstörungswerk des hochrangigen Engelwesens Luzifer, was Gott ja im Voraus gewusst hatte. Er stellte einen Plan auf, wie er seinen Widersacher besiegen, die Nachkommen der einst friedfertigen Wesen seiner persönlichen Erdenkinder retten und ins ewige Paradies führen könnte.

Gott wollte seine Ebenbilder schaffen, sie über die Engelhierarchie stellen und ihnen ein Erdenparadies einrichten. In seiner weisen Voraussicht wusste er aber schon vor der Realisierung des Menschenprojekts von der sich als Folge ergebenden Engelrebellion und dass deswegen das Engelwesen

Luzifer sein Feind würde. Das konnte Gott nur recht sein. Er wollte, dass sich seine bedeutungsvollste Erfindung erfüllen würde - seine Kinder nicht ohne Anstrengung ins ewige Paradies zu führen.

Darum hat er seinem Widersacher (Erzengel Luzifer) bedingt freie Hand gelassen und der Kreatur Mensch in einem klugen Bewährungsprozess einen autonomen Willen auferlegt, um ihn erst nach bestandener Prüfung in die Gemeinschaft der seligen Geister aufzunehmen. Der Mensch soll seiner Bestimmung durch Taten und Glauben bewusst werden, damit er dereinst die Nähe Gottes umso mehr geniessen kann. Da er jedoch diese schwere Aufgabe nicht allein bewältigen kann, hat Gott einen Rettungsanker durch seinen Sohn Jesus Christus vorgesehen.

Es gibt Evolutionsprozesse, die ein Teil des universellen Schöpfungsplans Gottes sind. Ein solcher Entwicklungsprozess findet auch auf der Erde seit ihrer Erschaffung statt. Er demonstriert sich im Werden und Vergehen von Natur und Lebewesen sowie in den strukturellen Veränderungen unseres Planeten. Hinter den Evolutionen steht der alles umfassende Geist der Liebe, der das Ganze steuern und bewirken kann.

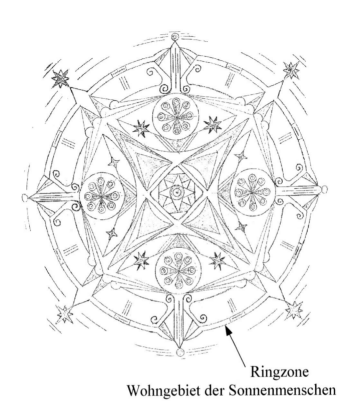

Ringzone
Wohngebiet der Sonnenmenschen

Zentralsonne mit Fixsternen
in einer Galaxie

5 Das Universum

Am Anfang nach dem Schöpfungsbefehl entstanden die grössten sogenannten Ur- bzw. Muttersonnen, welche die Ursache für alle nachfolgenden Universumsprozesse sind. Alle aus den Muttersonnen hervorgegangenen X-Billionen Sonnen unterschiedlicher Grössen haben die weiteren Entwicklungsprozesse im All bzw. im materiellen Universum eingeleitet.

Über weitere planmässige Vorgänge formierten sich Galaxien aus Sonnensystemen, welche seit Anbeginn mit ihrer explosiven Urgewalt periodisch X-Billiarden harte Planetenkörper, Asteroiden, Kometen etc. ins Weltall hinausschleudern. Viele dieser harten Körper besammeln sich wieder und bilden exakt funktionierende, teils bewohnte Sonnenumlaufsysteme.

Das Universum ist nur das Endliche, Stoffliche und Feinstoffliche. Hinter diesem steht das unendliche, unberührt geistige, alles umfassende und beherrschende Licht der Wahrheit und der Liebe. Aus den rein geistigen Regionen heraus hat Gott das Potential mit den Komponenten Raum, Energie und Materie geschaffen, die wir als Einheit verpackt Universum nennen. Mystiker, Philosophen und Propheten aller Schattierungen knabbern seit Anbeginn an der Rinde der Erkenntnis herum, weshalb sie nicht zum Kern vorstossen. Physiker, Astronomen und andere Wissenschafter sind vielen Geheimnissen auf der Spur. Ihre Entdeckungen sind auch sensationell. Aber der menschlichen Erkenntnis und Aufnahmefähigkeit sind Grenzen gesetzt, weil unsere Denkmaschine sowie die Berechnungs-, Mess- und Analysierungsmöglichkeiten beschränkt und nicht für das Unfassbare geschaffen sind, das für die irdischen Entwicklungsphasen auch absolut nutzlos wäre.

Im Gegensatz zur Ruhe der geistigen Umhüllung ist alle Materie in Dauerbewegung. Alles Feste, Materielle, besteht aus nicht mehr messbaren, rotierenden, sich verdichtenden Teilchen oder Schwingungs-Kreisfrequenzen, welche zur Urmasse gehören, zu welcher wir keinen Zugang mehr haben. Atome bestehen ebenfalls aus einer Vielzahl von mit unmessbar, unterschiedlich extrem hohen Geschwindigkeiten kreisenden Teilchen. Diese wiederum bestehen aus nicht wahrnehmbaren Schwingungen zahlreicher unterschiedlicher Frequenzen. Daraus bildet sich alles Anfassbare als materielle Masse, zum Beispiel existiert ein Stein nur über die ihm eigenen Schwingungen.

Wenn sich die ganze Materie des Universums nicht dauernd in Bewegung befände, würde alles in Klumpen in sich zusammenfallen und könnte nur von der Ruhe in Position gehalten werden. Alles Lineare ist ausschliesslich in beschränkten Aktionsfeldern wirksam. Nur weil im Universum alle Energiearten, alles Feste, Flüssige, Gasförmige, Sichtbare und Unsichtbare kreist und sich reibt, kann es, eingebettet in die geistige Ruhe, existieren und sich entfalten. Aus diesem Prozess ist auch der Strom entstanden.

Die ewigen geistigen Gefilde Gottes umgeben und beherrschen das ganze Universum mit seinen zahlreichen unterschiedlichen Bewohnern und Geistwesen. Gott hat die Erde zu seinem privilegierten Mittelpunkt im Universum und für die Menschen zum Tor ins Jenseits erschaffen. Vor hundertzwanzig Milliarden Jahren ist das Universum letztmals entstanden. Am Anfang war das Wort. Inmitten der rein geistigen Sphären Gottes mit seinen Heerscharen von dienstbaren Geistern befand sich das Plasma. Der Geist Gottes schwebte im Raum über seinem Experimentierfeld. Gott ruht nie. Auf seinen Befehl hin explodierte das Plasma und verwandelte den leeren dunkeln Raum in das Universum mit zwölf Milliarden Kosmosen. Jeder Kosmos beinhaltet sieben Milliarden Galaxien unterschiedlicher Grösse. Jede Galaxie besteht aus drei Milliarden Zentralsonnen, Grosssonnen, Sonnen und Planetensystemen. Diese Systeme, auch unterschiedlicher Grösse, funktionieren mit ihren Weltraumkörpern in ähnlicher Gesetzmässigkeit wie das unsere. Innerhalb der reinen geistigen Sphären des Lichts ist das Stoffliche und Feinstoffliche geboren. Im Gegensatz zu den ruhenden, raumlosen göttlichen Gefilden ist das geschaffene Universum stets in Aufruhr. Himmelskörper und ganze Systeme explodieren oder verschwinden in schwarzen Löchern, und neue entstehen. Die einen halten sich brav an Gesetze, andere reisen als Vaganten und Trabanten im Raum umher. Es gibt im ganzen Universum kein anderes Planetensystem, welches mit derselben Gesetzmässigkeit so funktioniert wie unser Sonnensystem.

Die im Universum unaufhaltsam und ewig ablaufenden, anscheinend furchterregenden Ereignisse, gefährden die Einheit des Universums nicht. Der Aktionsbereich dieser Schauspiele wurde bei der Planung beschränkt. Es ist nur eine gewaltige Demonstration von Werden und Vergehen der Materie innerhalb der rein geistigen Sphären.

Zur Unordnung gehört Ordnung, und diese überwiegt. Weil das göttliche Licht teilweise in viele Kosmose, Galaxien und deren Systeme hineinstrahlt, hat Gott beschlossen, diese mit unterschiedlichen Wesen zu beleben und teilweise mit Aufgaben zu belegen. Es gibt aber im ganzen Universum nur ein Planetensystem mit einer Sonne und einem Planeten Erde mit den gegebenen atmosphärischen

Bedingungen, welche organisches Leben nach unserer Realität ermöglichen.

Im ganzen Universum existiert eine enorme Anzahl von bewohnten Himmelskörpern und Systemen. Das Aussehen der vielen unterschiedlichen Bewohnern kann mit den Erden- oder Sonnenwesen verglichen werden. Astralkörper tiefgefallener Seelen werden immer unansehnlicher. Sie müssen sich auch in entsprechenden Gebieten des Raumes aufhalten.

Wenn unsere Materie über die Atome bis zum Ursprung analisiert werden könnte, würden wir beim Plasma enden, welches von den Urschwingungen gebildet wurde, also der geistigen Basis, welche das Universum erzeugt hat. Die interstellargalaktische Materie in Form von kosmischem Staub, von Gasen, fliegenden Schrottteilen, Körpern und Sammelmassen oder anderen zum Teil hochbrisanten Energiearten befindet sich im universalen Raum, in den Kosmosen, den Galaxien und deren Regionen mit ihren Zentralsonnen, Grosssonnen, Sonnen und Planetensystemen. Einige der zahlreichen Raumenergieformen können leuchten und hoch aktiv sein. Sie können sowohl ein totales Lärmchaos als auch Dunkelheit oder eine Art Passivität bewirken. Sämtliche Energieformen sind Ableger der geistigen Urenergie. Die gesamten raumerhaltenden Aktivitäten sind das Produkt von nicht messbaren Schwingungen, deren Ursache im göttlichen Schöpfergeist liegt.

Unsere Planetenwelt ist nur ein kleines Sonnensystem. Es ist integriert in ein grosses Zentralsonnensystem in unserer Galaxie Milchstrasse. Die drei Milliarden Zentralsonnen mit ihren Grosssonnen, Sonnen- und Planetensystemen sind die leuchtenden Fixsterne einer Galaxie. Eine Zentralsonne hat neun Ringe (Sphären) in Abständen von siebzig Millionen Lichtjahren zueinander.

In jeder Sphäre hat es zwölf Grosssonnen mit je hundert Millionen Sonnensystemen, in denen je zehn Millionen Planeten und Monde kreisen und bis ans Ende jedes galaktischen Raumes reichen. Alle drei Milliarden Ungeheuer fliessen ineinander und bilden eine der sieben Milliarden Galaxien und einen der zwölf Milliarden Kosmose des Universums.

Das ohne Anfang und Ende, immer und ewig bestehende, alles umfassende, jedoch höchst brisante Macht- und Energiepotenzial Gottes ist das Licht, der Weg, die Wahrheit, die Liebe und das Leben. Das Licht in den engsten Sphären Gottes ist so stark, dass es alles zum Schmelzen bringen und in nichts auflösen kann, was nicht rein geistig ist.

Das geschilderte Universum ist nur ein kleiner Anschauungsunterricht über die noch in unendlicher Anzahl weiteren Gebilde, welche sich in den Tiefen der rein geistigen Räume verlieren und in der alles beherrschenden Liebe und Ruhe aufgehen. Auch die rein geistigen Räume sind vor dem Materiellen aus der Liebe Gottes entstanden. Das alles kann im Diesseits nicht verstanden werden. Nur wenige unbekannte Begnadete können es zum Teil erfühlen. In der Unermesslichkeit aller unendlichen Räume kreisen zahllose Wesen der göttlichen Erbarmung. Auch alles Unendliche und Endliche ist aus dieser Unbegrenztheit hervorgegangen.

Von der Ruhe hängt alles ab. Ohne diese kann sein Innerstes nicht durchdrungen werden. Die Herzenswärme entsteht aus der Liebe, und wer diese in die erkaltete menschliche Liebe einfliessen lässt und weitergibt, wird die vielfältigen Früchte ernten.

Niedrigste Geistwesen, die in ihrer umfassenden Ablehnung nie zur Einsicht über die Existenz und Allmacht Gottes kommen wollten, wurden auf kalte und öde Weltraumkörper, wie zum Beispiel Monde, ausgestossen. Dorthin wurden auch viele Leugner, Unbelehrbare und rücksichtslose Geister auf Zeit verbannt, bis sich die Gnade Gottes der noch Belehrbaren unter ihnen erbarmen wird.

Es soll noch erwähnt werden, dass das lebensnotwendige Sonnenlicht und der Wärmetransport auf die harten Trabanten über spiegelreflexartige Lasereffekte geschieht. Die viel grösseren Sonnenplaneten besitzen im Gegensatz zu den kleineren harten Trabanten eine Art festschwammige weichere Masse. Ihre gasartige mehrstufige Umgebungshülle erzeugt das Sonnenlicht. Auf den meisten der X-Billionen Sonnen im ganzen Universum gibt es Wohnzonen mit Luft und Wasser sowie eine mit friedlichen Tieren belebte Landschaft von üppiger Vegetation und eine grandiose Kultur der Sonnenmenschen.

Jeder von menschenartigen Wesen bewohnte Planet hat seine eigene Schöpfer-Vater-Religion. Alle wissen, dass sie erschaffen wurden und ehren Gott auf ihre individuelle Art. Es sind alles Kinder Gottes, die unlängst vor den Erdenbewohnern existierten. Nur die Erdenmenschen werden besonders harten Prüfungen unterworfen, weil sie von Gott als Privilegierte ausersehen waren, aber nach dem Sündenfall gemäss Schöpfungsablauf in die strenge Lebensschule geschickt wurden.

Die Entdeckungen der Astrophysiker im Mikroraum unseres Sonnensystems werden auf die universellen Zustände in unendlich grösseren Entfernungen projiziert. Das sind jedoch mehrheitlich nur Multiplikationshypothesen. Die bald erschöpften wissenschaftlichen Forschungsmöglichkeiten haben nur in sehr eingeschränktem galaktischen Raum ihre Gültigkeit und können bald nicht mehr weiter vorangetrieben werden.

Es wird auch unaufhaltsam gerätselt, ob die Planeten unseres eigenen Sonnensystems bewohnt sind. Sie sind es, und alle verfügen über herrliche bevölkerte Zonen. Doch alle weisen auch mehrheitlich unwirtliche Gebiete auf, zum Teil mit Dauervulkanausbrüchen.

Die daueransässigen Menschen im Gegensatz zu den ausserirdischen Universumsreisenden sind glücklicher und haben weniger Probleme als wir, was durch die Erschaffungsumstände begründet ist. Landschaft und Vegetation sind von extrem höherem und vielfältigerem Standart als bei uns. Die Bewohnerschaft sind festansässige, unterschiedliche Gattungen. Rangmässig sind sie den grossen bildhübschen Sonnenmenschen mit ihren fantastischen Lebensverhältnissen fast ebenbürtig.

Ein direkter Bezug zwischen Sonne, Erde, den anderen Planeten und Asteroiden und unserem System führt auch über die Astrologie, welche schon längst ausserirdische Einflüsse von unseren Nachbarplaneten festgestellt hat.

Als Abschluss sei noch bemerkt, dass alle von Menschen bewohnten Planeten in den abgegrenzten Wohnzonen mit Wasser, Luft und Licht bedient sind, aber eine unterschiedliche gattungseigene Wohnarchitektur haben. Es wird gezeugt, geboren und gelebt. Intellekt, spirituelle Erkenntnisstufen und Geist werden auf vielen von Menschen bewohnten Universumskörpern immer vollkommener. Am Ende wird der Lebenskreislauf in der geschlossenen, bewohnten Planetenkette immer kürzer, sodass diese Menschen schon nach dem ersten Tod in reine göttliche Geistwesen verwandelt werden.

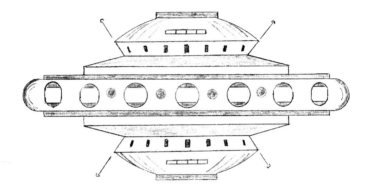

Ufo-Modell, welches die Erde besuchen darf.

6 Die Ausserirdischen

Alle ausserirdischen ansässigen Planeten- und Sonnenwesen sind über Entwicklungsprozesse miteinander verflochten und zum Teil voneinander abhängig, ausgenommen die nicht ansässigen ausserirdischen Ufowesen.

Die Ausserirdischen sind nicht geschaffen für die Erde. Aus diesem Grunde können sie mit uns nichts anfangen, weshalb wir entgegen anderer Meinungen für sie auch nicht interessant sind. Ihre Existenz verläuft unter nicht beschreibbaren Verhältnissen. Unser Gehirn kann solche Zustände nicht verarbeiten, obwohl die Wissenschaft es versucht. Warum es im ganzen Universum eine solche Vielfalt und enorme Anzahl Menschen und roboterähnliche Arten gibt, ist nicht bekannt. Allen wurden jedoch eigene Aufgaben und Aktivitätsbereiche zugewiesen, damit auch hier die Ordnung gewährleistet ist.

Die Ausserirdischen bevölkern viele Galaxien und bewegen sich friedlich ohne oder mit verschiedenen Flugobjekttypen in den ihnen zugeteilten Regionen. Ihr feinstofflicher Körper ist in keiner Weise mit dem menschlichen zu vergleichen. Er lässt sich nicht berühren und ist unempfindlich gegen jegliche Gewalteinwirkung. Ihre Transportmittel erreichen unfassbare Geschwindigkeiten, und die

Kommunikation funktioniert in Vorstufen von Gedankenwellen. Sie sind nicht geschaffen, um in die rein geistigen Sphären aufgenommen zu werden. Sie wissen auch nichts davon, sind zufrieden, anspruchslos und bilden keine Gefahr für die Erde. Die roboterähnlichen Arten ergreifen nur die ihnen gegebenen Möglichkeiten als zusätzliche Belebung des Universums.

Eine Gattung, welche die Erde besuchen darf, ist allgegenwärtig. Mit oder ohne Raumschiffe können sie sich sichtbar oder unsichtbar machen. Sie können sich überall aufhalten. Es gibt für sie keine Hindernisse. Sie schweben lautlos durch den Raum. Übersensible Menschen können ihre Gegenwart wahrnehmen. Viele ihrer Besuche machen sie aus purer Neugier. Sie stürzen nicht ab, und man kann sie nicht abschiessen. Es gibt unter ihnen auch keine Kriege im Universum. Sie hinterlassen oft unerklärliche Spuren, die uns Freude oder Verzweiflung bringen können. Sie dürfen aber nichts tun, das uns Schaden zufügt. Raumschiffe landen nicht als feste Körper im Sinne von uns bekanntem Material, und sie verursachen keinerlei Schäden. Als Visitenkarte hinterlassen sie vielfach faszinierende Gebilde als Zeichen dafür, dass sie da waren. Etliche Gattungen Ausserirdischer haben diverse Astralkörperformen sowie unterschiedliche Beschaffenheitsgrade.

Die reinen Geistwesen im Vergleich benötigen keine Transportmittel. Sie reisen in Gedankenwellen. Die entwicklungsbedürftigen verstorbenen Seelen hingegen bewegen sich viel mühsamer in den ihnen zugeteilten geistigen Erkenntnis- und Entwicklungsebenen.

Analog zur natürlichen Sonne unseres Planetensystems gibt es in den riesigen Räumen des Universums noch eine X-Anzahl Sonnen mit Planetensystemen unterschiedlicher Grössen, die alle bewohnt sind. Eine Vielzahl von Universumsbewohnern sind feinstoffliche Wesen verschiedenster Art. Eine hochstehende ausserirdische Kategorie erfüllt eine Dienermission zu den Erdenmenschen im Auftrag der Schutzgeister (Engelwesen). Je nach Aufgabenbereich haben sie die Fähigkeit, sich in vielen interstellar-galaktischen Räumen zu bewegen oder aufzuhalten. Die Schnelligkeit der Raumschiffe hängt von den Gegebenheiten ihres Heimatdomizils ab. Ihre Astralkörper sind unverletzlich. Sie werden auch als Beschützer oder Botschaftsvermittler für Erdbewohner eingesetzt. Ihre Auftraggeber sind geistige Lehrer aus den Räumen der Seelenentwicklung, welche für die Betreuung der irdischen Sternzeichen-Inkarnierten verantwortlich sind. Alle Universumsbewohner haben Aufgaben, die ihrer Art und Einsatzmöglichkeit entsprechen. Die Aktivitätsmöglichkeiten sind beschränkt, und es sind ihnen Verhaltensregeln auferlegt.

Eine erstaunliche Anzahl Universumsbewohner sind aufgrund von Erschaffenseigenschaften mit diversen Artengemeinschaften verflochten. Viele dürfen oder müssen sich in unterschiedlichen Raumgebieten und anderen Himmelskörpern aufhalten, wo Wohnverhältnisse und Lebensbedingungen mit den irdischen vergleichbar sind. Auch den Seelen über alle Zeiten verstorbener Menschenkinder wird Gelegenheit geboten, sich unter Bedingungen, die uns verborgen sind, in solchen Sphären und Himmelskörpern aufzuhalten, um in der göttlichen Erkenntnis voranzukommen.

Die uns am nächsten Stehenden sind die Sonnenmenschen. Sie verfügen über herrliche Wohn- und Lebensverhältnisse, welche ihnen aber auch Pflichten auferlegen. Sie können jedoch viel glücklicher sein. Freilich müssen sie auch grosses Leid ertragen, wenn sie nach Verfehlungen in unwirtliche Sphären und Himmelskörper verlegt werden. Dort müssen sie die Akzeptanz ihres Schöpfers neu erlernen, um wieder in ihre Heimatgefilde aufzusteigen. Grösse und Aussehen sind ähnlich dem unseren. Ihr überaus schöner Körper ist von einer Lichtaura umgeben, strahlt ein liebliches Wesen aus, und ihr Intelligenzgrad ist sehr hoch. Sie pflanzen sich fort, arbeiten (nicht in unserem Sinn), sondern üben sich in der Erkenntnis, ernähren sich, sterben, und ihre Seelen wandern nach Bewusstseinsgrad in die Gemeinschaften anderer Sonnenbewohnern.

Es ist noch zu erwähnen, dass der Existenz- und Wandlungsprozess der Universumsbewohnerschaft anders verläuft als derjenige von Erdenmenschen. Einige Kategorien Ausserirdischer hat es schon immer gegeben, andere wurden etappenweise im Verlauf der Zeiten erschaffen. Viele haben Kenntnis von der Erde mit ihrem exklusiven Wesen Mensch und werden auch deren Untergang und Wandlung miterleben. Sonnenmenschen können ebenso auf die Erde inkarniert werden wie Erdenmenschen in eine Sonne. Diese Seelenwanderung wird in den Sterling Pyromeidas entschieden.

Aufgrund dieser meiner einfachsten Schilderungen ist zu hoffen, dass das Spekulieren über andere Universumsbewohner für viele etwas einfacher geworden ist. Es darf ohne Gesichtsverlust angenommen werden, dass wir nicht die einzigen Begnadeten auf unserem Miniplaneten sind. Wir sollten uns nicht zu wichtig nehmen.

Alle Erkenntnisgattungen müssen die ihnen vom Schöpfer über seine dienstbaren Geister verordneten Regeln einhalten, damit die Ordnung gewährleistet ist. Andernfalls ist ein Abstieg der Unfolgsamen auf die Monde in den Tiefen des Alls vorgegeben. Die Seelenwanderung oder Seelenverwandtschaft sowie der Existenz- und Aufgabenbereich zahlreicher Raumbewohner mit fast irdischen Lebensgewohnheiten sind für uns so komplex und phänomenal, dass diese Zustände und Realitäten im Detail weder zu beschreiben noch zu verstehen sind.

Gott hat immer dafür gesorgt, sich Respekt und Glaubwürdigkeit zu verschaffen. Über alle Zeiten hat er sich Wahrzeichen und Denkmäler verschiedenster Art gesetzt. Durch Unerklärliches sollten die Menschen immer daran erinnert werden, dass es keine Götter, sondern nur einen Gott gibt, der weder Götzen noch menschliche Heuchlervereine neben sich duldet.

Es soll noch einmal klar gemacht werden, dass Weisheit und Erkenntnis allen zur Verfügung steht, die darum bitten und in deren Herzen Gott unauslöschlich verankert ist. Christus, auf seine Wundertaten angesprochen, offenbarte während seiner Erdenwanderschaft dem staunenden Volk: Wer an mich glaubt, kann noch viel Grösseres tun.

Es bringt nichts, von Göttern zu reden, wenn wir am Ende unseres Lateins ehrfurchtsvoll vor der Cheopspyramide stehen und heute noch rätseln, wie sie erbaut wurde. Wir werden es zu Lebzeiten weder erfahren noch in ihr Allerheiligstes vorstossen können, weil wir uns nicht als würdig erwiesen haben. Die Weisungen des Schöpfers und die Zeichen blieben unbeachtet. Sie wurden auch nie ernst genommen.

Die Cheopspyramide wurde gar nicht von Menschenhand gebaut. Sie stand eines Tages einfach da, wie auch andere Monstermonumente, als Mahnmal für alle Ungläubigen. Andere Rätsel wurden von Ausserirdischen im Auftrag ihrer geistigen Vorgesetzten und nach dem Willen des Schöpfers hingezaubert. Gott hat eine riesige Dienerschaft mit herausragenden Kompetenzen und einer Toporganisation. Bei einigen Projekten haben sie sich unerkannt unter die damaligen Leute gemischt und das Werk vollbracht.

Statt sich im Glauben und Vertrauen zu üben und spürbare Fortschritte zu erzielen, rätseln und forschen die Menschen lieber selber und vergeuden die kostbare Zeit mit Leerläufen.

Die ausserirdischen Menschenrassen auf allen dieser bewohnten Universumsplaneten sowie die ausserirdischen roboterähnlichen Uforeisenden sollten nicht verwechselt werden. Beide Arten existierten ebenfalls lang vor den Erdenmenschen.

Die ansässigen ausserirdischen Menschengattungen wurden auch nicht geschaffen, um im Weltraum herumzureisen, sondern um sich in der Erkenntnis ihres Schöpfers zu üben. Obwohl sie ein wissenschaftlich viel höheres Niveau besitzen als die Erdenmenschen, haben sie gar nicht die Möglichkeit und Technologie dazu. Unsere möchte gern Weltraum-Eroberer werden schlussendlich enttäuscht aufgeben müssen, weil das bisher Erreichte kein Massstab ist für das Angestrebte.

Anderseits haben die ausserirdischen Ufowesen mit ihrem Astralkörper und den schnellen Fluggeräten eine Vielfalt von Aufgaben in den galaktischen Räumen und auf der Erde zu erfüllen. Ihr Aktionsbereich ist gebietsmässig beschränkt, und ihre Auftraggeber sind Geistwesen aus den Sterling-Pyromeidas in unserer Galaxie Milchstrasse. Sie können sich als Botschafter sichtbar oder unsichtbar machen und Beschützerdienste oder handwerkliche Arbeiten auf unserer Erde ausführen.

7 Die Galaxie Milchstrasse und die Sterling-Pyromeidas

Die Sterling-Pyromeidas sind eine Region in der Galaxie Milchstrasse und die Heimat unseres Planetensystems. Der Kosmos mit der Milchstrasse und den Sterling-Pyromeidas befindet sich im Zentrum des Universums und manifestiert das wichtigste und bedeutungsvollste Schöpfungsgebiet Gottes der irdischen Menschenkinder. In diesem Wirkungskreis spielt sich der ganze Prozess von Leben und Tod im Diesseits und Jenseits ab. Es wird der Wissenschaft nie gelingen, nur den kleinsten Teil dieser Region zu erforschen.

In den Sterling-Pyromeidas findet die ganze jenseitige Entwicklungsphase der Erdenmenschen statt. Es ist die erste Ebene der geistigen Welt nach dem Tor ins Jenseits. Der Seelentransfer ist ein gewaltiger Läuterungsprozess, der über mehrere Erkenntnisstufen führt, bis zur endgültigen Aufnahme in die geistige Sonne der Liebe oder zur Rückführung auf die Erde als weitere Inkarnationsetappe. Im Banne des Karmas soll uns Glaube und Vertrauen während einer weiteren Erdenwanderung dem Ziel näher bringen. Es ist bei jedem Neuanfang ein individueller Weg zu bewältigen. In den Sterling-Pyromeidas befinden sich auch alle jenseitigen Inkarnations-, Schulungs-, Entwicklungs- und Transferzentren zum Erreichen der rein geistigen Gefilde, der ewigen Glückseligkeit. Wie schon erwähnt, können Menschenseelen wegen vorgängig Gelebtem, Erkanntem oder Verweigertem auch ausserhalb der Sterling-Pyromeidas bzw. in eine andere Galaxie eines anderen Kosmos transferiert werden.

Die Konturen der Astralkörper verschiedener Geisterkategorien können von Menschen, denen die Fähigkeit gegeben worden ist, wahrgenommen bzw. gesehen werden. Von der Erde stammende Seelen Verstorbener können Existenz und Aktivitäten als Geistwesen nur in der für sie vorgesehenen Sphäre der Sterling-Pyromeidas ausdrücken, weil sie noch nicht erlöst sind und unter Entwicklungszwängen stehen. In Ausnahmefällen geschieht dies auch kurzfristig auf der Erde, was schon viel zu reden gab.

8 Die Forschung und ihre Grenzen

Die Astronomie hat schon sensationell viel erforscht und wird noch allerhand erreichen bis sie am Ende ist. Das bedeutet, dass nur ein winzig kleiner Teil in und ausserhalb unseres Planetensystems erforscht werden kann. Dieser Forschungsraum ist ja wiederum ein Minimum in unserer Milchstrassengalaxie, von der Grösse nur eines Kosmos gar nicht zu reden. Die Forscher glauben zwar an einen einzigen Kosmos, in welchem sie eines Tages an die Grenzen stossen werden, um dann auch den Werdegang der Schöpfung und die exakte Entwicklung des Lebens und des Seins nach dem Tod erklären zu können. Glaube macht selig. Das Forschen gibt dem Leben einen beschränkten Sinn oder Nutzen. Damit ist schon viel erreicht.

Zu allen Zeiten, wie auch heute, verneigten und verneigen sich die besten Wissenschafter in Ehrfurcht vor dem, was im Universum und auf der Erde seit Urzeiten existiert und passiert. Albert Einstein sagte, je mehr ich weiss, desto mehr wird mir bewusst, dass ich noch gar nichts weiss.

Die Forschung leistet Grossartiges, aber es ist dem Menschen zu wenig bewusst, dass allen Aktivitäten Grenzen gesetzt sind, die schon von Anfang an festgelegt worden sind. Diese zu überschreiten ist gefährlich, und die Missachtung kann verheerende Folgen haben. Negative Auswirkungen sind in diversen Bereichen bei Mensch und Tier sowie in der Natur schon längst aufgetreten.

Die intellektuelle Kapazität kann sich logischerweise nur in dem ihr zugeschriebenen Rahmen bewegen bis sie ausgeschöpft ist. In einigen Bereichen sind die Möglichkeiten erreicht, bei anderen wird es noch dauern. Es dürfte jedem Erdenbürger einleuchten, dass menschliche Körper und Transportmittel nie geeignet sein werden, sich in den unermesslichen Weiten der interstellar-galaktischen Räume und fernen Planetensysteme zu bewegen und aufzuhalten. Die Warnungen vieler Wissenschafter bleiben ungehört. Die Gipfelstürmer kümmert das wenig. Sie glauben fest daran, den heute schon über den unersättlichen Fortschritt angerichteten Schaden mit intelligenten Gegenmassnahmen in den Griff zu bekommen, um das drohende Unheil abzuwenden.

Einige träumen davon, eines Tages die ganze Schöpfung zu beherrschen. In verpackte Technologie ausgeführte Kurzstreckenreisen zu unseren Satellitenplaneten können nichts dazu beitragen, die fortschreitende Zerstörung unseres Lebensraumes aufzuhalten oder eine Gesundung der Erde zu bewirken. Im Gegenteil. Es sind zeitlich befristete, verzweifelte Anstrengungen, die uns gesetzten

Grenzen zu überwinden. Dabei wird im blinden Eifer die zunehmende Zerstörung in zahlreichen Bereichen bei Mensch und Tier und in der Natur übersehen oder in Kauf genommen. Die Zeit wird kommen, wo die grössten Optimisten und Genies in Ratlosigkeit versinken werden. So wurde es mir in Gedanken offenbart.

Fortschritte und Rückschritte erfahren und erleben wir in unfassbaren Dimensionen. Die Intelligenz erreicht in rasendem Tempo immer mehr Wissen und produziert täglich Neues in erstaunlicher Vielfalt und höchster Qualität. Aber das Unbekannte nagt auch an der Vernunft. Unser Horizont ist beschränkt. So wird unaufhaltsam nicht nur geforscht, sondern auch getrimmt, verfälscht, etwas vorgespielt, die Wahrheit vertuscht, die Macht ausgebaut und den Ahnungslosen das Heil in allen Varianten versprochen.

Es gibt auch eine Kehrseite des euphorischen menschlichen Treibens, und diese spricht eine andere Sprache. Irreparable unübersehbare Schäden versucht man mit allen Mitteln zu verdrängen und mit Besserungsversprechungen zu verharmlosen. Der durch die Forschung erreichte Wohlstand hat auf Verstand und Verantwortungsbewusstsein auch sehr negative Folgen gezeigt. Denken und Handeln sind vielfach nur auf die Prioritäten Geld, Ego,

Luxus sowie Vergnügen und Bequemlichkeit ausgerichtet.

Die Erde schreit nach Rücksicht und Vernunft, vergebens. Das Drama geht weiter. Die Gebieter über diese Gesellschaft wollen leben, und die Geschäfte müssen blühen. Darum muss die Umwelt leiden. Die Natur wird zerstört, das Klima erwärmt sich, Luft und Wasser werden vergiftet. Die Ozonschicht baut sich ab. Wälder und andere Vegetationsgebiete verschwinden zusehends. Menschen verhungern, und Tiere sterben aus, weil ihr Lebensraum vernichtet wird. Überheblichkeit, Ehrgeiz und Fehlplanung sind für diese Zustände verantwortlich.

Der Mensch wird immer krankheitsanfälliger, obgleich er älter wird. Dies dank der Hygiene, nicht wegen der Luftverschmutzung. Als Gegensteuer läuft die Medikamentenforschung und -produktion auf Hochtouren. Dasselbe gilt für die Chirurgie, die Hilfsmittel und Transplantationsmethoden. Weil die Ersatzorgane immer gefragter sind, wird in der Erbgut- und Zellforschung grosser Aufwand betrieben. Auch mit dem Klonen wird experimentiert. Die Endresultate und Folgeschäden werden aber in den meisten Bereichen irreparabel sein.

9 *Körper, Geist, Seele und Gedanken*

Der Mensch bildet die phantastische Einheit aus Körper, Geist, Seele und Gedanken. Erst dies ermöglicht dem einmaligen Wesen Gottes seine mannigfaltigen und erstaunlichen Aktivitäten. Die Anatomie ist einzigartig und demonstriert immer wieder von neuem, dass hinter diesem Werk eine unerklärbare rätselhafte Intelligenz steht, welche auch für die Engelhierarchie undurchschaubar ist.

Erst wenn das herangewachsene Wesen den Mutterleib verlässt, fliesst der Lebensodem Gottes automatisch in den Körper, und dieser wird zur individuellen lebendigen Seele. Mit jeder Geburt werden dem Mensch Aufgaben gestellt. Gott wusste aber von Anfang an, dass der Erdenbürger diese allein nicht lösen kann.

Körper, Gedanken und Charakter sind erblich geprägt. Vererbt kann aber nur werden, was schon einmal oder mehrmals war. Vererbungen sind das Produkt vorgängiger Konstitutionen und Lebensprozesse beider Partner. Gedanken und Wille bilden den Geist oder die intellektuelle Kapazität. Der Lebensodem Gottes ist die unbekannte Energie, die bei jeder Geburt automatisch in den Körper fliesst und diesem in Verbindung mit dem Blut die lebendige Seele einverleibt. Beim Tod verlässt sie den

Körper, um die durch den Lebenswandel entstandenen Läuterungsnotwendigkeiten als Geistwesen in der dem Entwicklungsstand entsprechenden jenseitigen Sphäre der Sterling-Pyromeidas zu erfüllen.

Die Gedanken steuern den gesamten Lebensprozess. Sie entstehen über das Gehirn als Folge individuell wahrgenommener, vielfältiger Lebenssituationen und werden beeinflusst von Ereignissen in Gesellschaft und Umwelt. Bei einem Wirrwarr ablaufender Ereignisse können sie mit dem Willen kanalisiert und auf ein Ziel gerichtet werden. Dabei spielt ein gesunder und in allen Belangen perfekt funktionierender Körper eine wichtige Rolle.

Wenn das anvisierte Ziel eine positive Tendenz aufweist, entsteht ein durch das Gewissen beeinflusstes behagliches Gefühl, welches sich bis zur Euphorie steigern kann. Im umgekehrten Fall, wenn das Ziel des beabsichtigten Handelns destruktiver Natur ist, können die Folgen in vielen Bereichen im Einzelnen und in der Gesamtheit Angst, Unsicherheit, tiefste Depression und Zerstörung auslösen.

Es ist auch zu beachten, dass das von Luzifer ausgestrahlte Böse einen ebenso grossen Einfluss auf unsere Gedanken ausüben kann, wie die von Gott und seiner vielfältigen Dienerschaft übertragenen positiven Schwingungen. Damit wir unterscheiden können, wurden wir mit einer Sinnesempfindung (dem Gewissen) bzw. einem Entscheidungsträger ausgerüstet. Diese Empfindung ist nicht zu verwechseln mit dem anatomischen oder Nervengefühl.

So wie eine Gedankenverbindung von Mensch zu Mensch möglich ist, funktioniert auch die Gedankenübertragung vom Ausserirdischen ins Irdische und vom Jenseits ins Diesseits. Voraussetzung ist die Bereitschaft dazu sowie eine analoge Frequenz. Diese kann erreicht werden über eine perfekte Körperharmonie, die kaum jemand erreicht, es sei denn durch Meditation, Glauben und Beten. Es gibt Beispiele, wo die Seele den Körper kurzfristig in eine limitierte Umgebung verlassen hat. Dies geschah nicht für einen beliebigen Erkundungsausflug ins Jenseits. Das ist nicht möglich, weil Gott dies nicht vorgesehen hat.

Gedanken sind Sender und Empfänger. Sie bilden in Verbindung mit der Seele ein gewaltiges, durch den Willen steuerbares Energiepotenzial. Wir kennen Hypnosezustände aus der hochinteressanten Speicher- und Abrufeinheit des Unterbewusstseins. Die Macht der Gedanken kann Schmerzempfinden abschalten oder den Körper beherrschen, damit die Seele diesen kurzfristig verlassen kann. Die Voraussetzung, einen solchen Zustand zu erreichen, ist eine hochtrainierte körperlich/seelische Harmonie. Die Urenergie hat auch die Fähigkeit, unsere gesamte greifbare Materie oder die Gedanken ganzer Völker zu steuern. Das Aktionsfeld kann aber auch auf das ganze Universum ausgedehnt werden.

Ein Zusammenspiel von positiven und negativen Faktoren des menschlichen Seins liegt in den Erbanlagen begründet, die aber nicht endgültig sind, wenn man sich nicht darin verliert. Eine vollkommene Harmonie kann im Diesseits nie erreicht werden. Das für ein Fortkommen in Befinden und Erkenntnis notwendige Mass kann in den meisten Fällen nur individuell über die Inkarnation erreicht werden.

Das Leben ist ein Prozess, und alles hat einen Ursprung. Es wird geforscht, gestaltet, getestet und analisiert, um zu diesseitigen Erkenntnissen zu gelangen. Im Eifer und der Selbstüberschätzung wird alles immer komplexer. Die Lösung des Problems rückt in die Ferne. Sie ist jedoch nur zu erreichen, wenn vorgegebene Regeln eingehalten werden, und diese werden oft vergessen.

Auch wenn die Wissenschaft der Anatomie schon vielem auf der Spur ist, wird es nie möglich sein, den ganzen Körper in seiner herkömmlichen Einheit zu realisieren. Geist und Seele könnten ohnehin nicht kopiert werden. Überheblichkeit und

Hochmut kommt vor dem Fall, aber dem Demütigen wird der Herr die Augen öffnen.

Wer sich bemüht, alles im Detail verstehen und erklären zu wollen, liegt schon falsch. Sein Gehirn gerät plötzlich ausser Kontrolle, ohne dass es ihm bewusst wird. Die so vorprogrammierten Fehlleistungen übertragen sich auf Umfelder mit gutgläubigen und wissensdurstigen Menschen, die einen Halt und den richtigen Weg suchen. Suchende fallen oft Irrlehren und Doktrinen zum Opfer. Dabei ist es ganz einfach, das göttliche Gebot zu beachten: Prüfet alles und das Gute behaltet. Es gibt keine Vorschrift, dass man einem Verein oder einer bestimmten Kirche angehören muss, um den Weg zu erkennen, der etappenweise oder direkt ans Endziel führt.

Gedanken entstehen nur, wenn sie zuvor in der entsprechenden Gehirnpartie aktiviert worden sind, oder sie fallen durch Fremdübertragung dort ein und werden gespeichert oder direkt weiterverarbeitet.

Viele sich nach innerem Halt und Befreiung sehnenden Menschen geraten leider all zu oft in die Fänge von heilversprechenden Institutionen. Diese bieten die erlösende Gottfindung über Tanz, Gesang, Körper und Gedanken beherrschende Übungen sowie sinnesverwirrende Rituale an. Wenn das

Trancespiel vorüber ist, wird kein Fortschritt festgestellt, im Gegenteil, oft schon nach einigen Sitzungen werden die berieselten Seelen aus dem Schlaf geweckt bzw. auf den Boden der Realität zurückgeholt und müssen sich neu orientieren. Ein Röntgenblick in die gepeinigten, verunsicherten Seelen der Hängengebliebenen würde anderes zu Tage fördern als eine indoktrinierte Glückseligkeit.

10 Schicksal und Karma

Das Wort Schicksal ist entstanden, weil vergangene Leben auch von den Worterfindern nicht anerkannt werden. Also musste ein Ausdruck her, um Unerwartetes als Zufall oder Schicksal zu definieren.

Lebensabläufe sind unter den Begriffen Karma und Schicksal bekannt. Karma ist ein Sammelbegriff, der die Richtung weist für negative und positive Tendenzen, Ereignisse und Handlungen über den Zeitraum jeder Inkarnation. Was man ausstrahlt bzw. denkt und tut, kommt in derselben Weise bedingt zurück. Es wird auch Schicksal oder vorbestimmter Lebensablauf genannt, dem man machtlos ausgeliefert sei, was aber nicht stimmt. Schicksal wird auch als Ausrede benutzt, wenn ein Ereignis unbekannter Ursache eintrifft oder die Anstrengung gescheut wird, etwas zu tun, das uns dem Endziel näher bringt. In jede inkarnierte Lebensphase werden nur Abschnitte eingebaut, die einer Revision bedürfen, um in den Astralsphären eine möglichst hohe Stufe zu erreichen.

Gott gab dem Mensch einen freien Willen und ein Gewissen, d.h. einen geistigen Instinkt für Recht und Unrecht, um das freie Handeln in die Richtung zum Guten zu lenken. Alles, was man tut, oder eben nicht tut, hat Folgen. Diese werden fälschlicherweise oft Schicksal genannt. Mit Schicksal will man auch sagen, dass etwas passiert ist, das aufgrund einer zum Beispiel falsch eingeschätzten Handlung nicht erwartet wurde und für das man demzufolge nicht verantwortlich ist. Das wäre zu schön und zu einfach.

Die menschliche Unvollkommenheit ist von Bedeutung, aber man kann sich nicht dauernd herausreden. Weil man sich der Folgen einer Handlung nicht immer bewusst sein kann, hat Gott über Jesus und die Inkarnation vorgesorgt. Ein Sündenteil muss abverdient werden, der andere wird vergeben, sonst würden wir die Seligkeit nie erreichen. Diese weise Einrichtung soll eine Warnung sein, dass wir nicht ohne Folgen tun und lassen können, was uns passt.

Die Ursache eines Ereignisses kann die Folge einer Handlung in diesem oder einem vorgängigen Leben sein. Eine solche wird dann irrtümlicherweise Vorbestimmung genannt. Es ist aber nichts vorbestimmt, weil alles einmal oder mehrmals seine Ursache hatte.

Jeder Mensch hat einen Charakter, Erbanlagen, eine persönliche Ausstrahlung und einen Tätigkeitsdrang, welcher sich auch über die Astrologie manifestiert. Die Ausstrahlung oder der Seelenspiegel sowohl positiver als auch negativer Art wird reflektiert. Weil man sich dieses Vorgangs nicht bewusst ist, weiss man generell nicht, warum einem so geschehen ist. Dasselbe gilt für die täglichen Handlungen. Wer Gutes tut, wird irgendwann in diesem Leben wieder Gutes erfahren. Wer im irdischen Leben nur selbstlos Gutes tut, braucht weder Inkarnation noch jenseitige geistige Läuterungen. Die Taten der Verstorbenen werden nach dem Vorhof im Jenseits in den diversen Seelen-Abrechnungsstationen analysiert. Dann werden die Geistwesen in die ihrem Bedarf entsprechende Läuterungsebene eingewiesen. Auf viele dürfte da ein Seelenschmetter warten.

11 Die Inkarnation

Gott gab dem Menschen einen freien Willen, und damit hat er ihm die Verantwortung übertragen. So einfach ist das. Gott wusste im Voraus, dass niemand aus eigener Kraft alle Hindernisse überwinden und gleichzeitig die Bedingungen erfüllen kann, um nach einem irdischen Leben als reine Seele zu den Heerscharen von Erlösten in die Räume des ewigen Lichtes und der Liebe einzutreten.

Darum hat Gott die Inkarnation geschaffen, welche nach dem Scheitern des Paradiesexperiments ihren Anfang nahm. Zusätzlich hat er später noch seinen als Menschenkind eingeborenen Sohn auf unseren Planeten gesandt, um die endgültige Erlösung zu ermöglichen. Mit unserm Glauben und ein wenig Anstrengung wurde jedem die Möglichkeit gegeben, über eines oder mehrere Leben etappenweise das Endziel zu erreichen. So kann mit dem Glauben an Gottes Sohn das Unvollkommene überwunden werden. Diese Chance haben alle. Viele, welche von Gott dem Schöpfer nie etwas gehört haben, im Elend gelebt, verunglückt, verhungert sind oder getötet wurden, haben noch die besseren Karten. Nach dem Tod im Vorhof des Jenseits werden ihnen die Augen geöffnet, um sich in den geistigen Sphären als Astralkörper im Glauben zu üben und die Erlösung direkt zu erlangen. Dasselbe gilt für

Mörder, Selbstmörder oder Ungläubige. Alle kommen nach dem Tor ins Jenseits in die für sie vorgesehene Entwicklungsstation. So wird jede Seele erfahren, dass Gott allein durch seinen Sohn Jesus Christus die wahre Gerechtigkeit und die Liebe ist. *ICH BIN DER ICH BIN.*

Jedes neue Leben ist eine Schule, die als solche genutzt werden soll, um uns in der Erkenntnis weiter zu bringen. Es ist nicht so, dass man ohne negative Folgen schalten und walten kann wie es einem passt. Reichtum und Macht ist kein Freipass, mit dem alles geregelt werden kann und der ein Nachdenken über die irdischen Unterschiede und die seelische Entwicklung überflüssig macht. Entscheidend ist, wie man damit umgeht und ob man das Bestreben hat, zu erkennen, was noch erfüllt werden muss, damit keine weitere Inkarnation notwendig wird. Etwas muss getan werden. Das Minimum ist der Glaube an die geistige Hilfe, den individuellen Weg zu erkennen, weil wir es allein nicht schaffen würden.

Nach dem Tod wird im Licht der Gerechtigkeit in den Sterling-Pyromeidas entschieden, ob die Seele erneuter Inkarnation bedarf oder die Läuterung in den geistigen Sphären beginnen kann. Alle, die wir hier sind, haben noch einiges zu erfüllen, egal in welcher Lebenssituation wir uns befinden. Für diese Aufgabe stehen uns in jeder Lebenslage Menschen und unsichtbare Helfer zur Verfügung, die uns Kraft und Motivation geben. Wir müssen diese nur erkennen und akzeptieren. Es sind Menschen, unsichtbare Schutzengel oder ausserirdische Botschafter (eine Kategorie Raumbewohner), welche - wie die geistigen Schutzengel - für bestimmte Aufgaben eingeschaltet werden.

Die über die Inkarnation gereinigten, unbelasteten Geistwesen können sich nach Belieben im ganzen Universum und in den rein geistigen Sphären bewegen und aufhalten. Das Transportmittel ist der Wille, die Vorstellung oder ganz einfach der Gedanke. Sie dürfen sich auch besuchsweise in den feinstofflichen Sphären bei den Ausserirdischen oder in den geistigen Entwicklungssphären der Sterling-Pyromeidas aufhalten. Sie werden dabei von den dort Stationierten nicht wahrgenommen. Die durch spezielle Verdienste und über eventuell zusätzliche, jenseitige Entwicklungsmöglichkeiten gereinigten Seelen gehören zur Elite des Schöpfers. Sie dürfen sich ewig im engsten Kreis der seligen Geister aufhalten. Es wird jedem Erdengeborenen die Möglichkeit geboten, über diesseitige und jenseitige Entwicklungsperioden sowie über die Gnade Jesu höchste geistige Stufen zu erreichen. Sie werden auch nie das Bedürfnis haben, das göttliche Zentrum der höchsten Glückseligkeit zu verlassen. Der Weg wird beschrieben wie man dorthin kommt, dass es nicht automatisch geht wie es sich alle wünschten und welch grosse Bedeutung die gelebte Inkarnationsphase zum erreichen des Lebensendziel hat. Es sind nur wenige, die aufgrund ihrer vorbildlichen Lebensführung den direkten Weg schaffen.

Tod und Missgeburten, Verhungerte, Verunglückte und getötete Menschen sind Folgen von Ereignissen früherer Leben. Der Ablauf des irdischen Lebens richtet sich nach Vererbungen sowie positiven und negativen Ereignissen vorgängiger Leben. Jedes neue Leben ist dazu da, etwas zu verbessern. Jede durch den Tod freigesetzte Seele kann in den geistigen Entwicklungssphären der Sterling-Pyromeidas zwischen Wiedergeburt oder jenseitiger Therapie wählen, um erforderliche Fortschritte und Erkenntnisse zu erreichen. Das Entwicklungstempo in einem inkarnierten Leben geht schneller vor sich als in den geistigen Räumen.

Die irdische Perfektionierung ist beschränkt. Eine bestimmte Stufe muss jedoch erreicht werden, um die Seligkeit über die vorgegebenen Möglichkeiten zu erlangen. Wie schon mehrmals erwähnt, ist Luzifer der grösste Bremsklotz. Er will uns vom schmalen dornenvollen Weg abbringen und offeriert uns im Gegenzug die Autobahnen, den Geldsegen und das Vergnügen. Die Motivation, die Gebote der Bergpredigt so gut wie möglich zu erfüllen, wird sich nur einstellen über den unablässigen

Glauben an den Schöpfer und seinen Sohn Jesus Christus, welcher allein unsere endgültige Rettung durch seinen Tod am Kreuz ermöglichte.

12 Das Tor ins Jenseits

Das Tor ins Jenseits durchschreitet jede Seele, egal wie der Körper zu Tode gekommen ist. Mit den Unterschieden, dem ungleichen Kampf und den irdischen Privilegien ist es vorbei. Jetzt heisst es antreten zum Rapport. Die Ära der Abrechnung und der Gerechtigkeit ist eingeleitet. Wie die Seele den Körper verlässt wird durch die Todesursache bestimmt. Alle Seelen werden über einen Lichtstrahl in den Vorhof bzw. in die erste geistige Ebene des Jenseits der Sterling-Pyromeidas begleitet. Für verunfallte passiert dieser Vorgang schockartig. Friedlich Entschlafene werden sanft in den von einem warmen angenehmen hellen Licht durchfluteten Vorhof der Astralräume geführt.

Sofort nach der Ankunft werden die Seelen entsprechend ihrem abgeschlossenen Erdenleben in die ihnen zustehenden geistigen Entwicklungssphären verlegt. Auf diesem Zuteilungsweg passieren vorgängig alle das Durchgangszentrum, wo sie gefragt werden, ob sie die eventuell erforderlichen Entwicklungsphasen durch eine weitere Inkarnation oder in den Schulungszentren der verschiedenen geistigen Sphären durchleben möchten. Es wird ihnen klar gemacht, dass die jenseitige Phase viel länger dauert als die diesseitige und je nach Belastung und Läuterungsbedarf der Seele auch unangenehmer sein kann. Wenn die Seele den organischen Körper verlässt, verwandelt sie sich in ein Geistwesen mit einem Astralleib. Dieser weist die Konturen und Grundzüge des ursprünglichen irdischen Körpers auf. Die Geistwesen bewegen sich lautlos schwebend in den Räumen der ihnen im Durchgangszentrum verordneten Erkenntnisstufen. Im Verlauf der Schulungszeit werden die Seelen periodisch geprüft, indem ihnen Aufgaben gestellt werden, bei denen sie sich für das Gute entscheiden sollen.

Mit zunehmendem Fortschritt in der positiven Erkenntnis wird auch der Astralkörper bis zu einer vollendeten liebenswürdigen Schönheit perfektioniert, um sich am Ende in ein reines Geistwesen zu verwandeln. Der Fortschritt wird nur über Mitteilungen eines periodisch erscheinenden Prüfungsexperten sowie die eventuelle Versetzung in eine andere geistige Sphäre wahrgenommen. Diese Experten sind ausgewählte Engel.

Wie schon gesagt, werden allen Seelen im Lichte der Gerechtigkeit bei der Ankunft im Vorhof des Jenseits die Augen geöffnet, damit sie begreifen wie ihnen geschieht.

Am Tag der Wiederkunft Christi werden alle lebenden Menschen und alle, die je gelebt haben oder sich nach ihrem Tod noch in den ihnen zugeteilten geistigen Räumen aufhalten, erlöst sein, ausgenommen diejenigen, welche auch in den geistigen Entwicklungszentren Gott kategorisch abgelehnt haben. Diesen Liebesbeweis für alle noch Belehrbaren hat Jesus mit seinem Tod erbracht. Die Geschichte der Erdenmenschen ist dann auch zu Ende. Gott ruht jedoch nie. Er hat noch viele interessante Projekte in seinem riesigen Reich.

Seit dieser erstaunlichen und qualvollen Rettungsaktion durch Jesu hatten Kirchen und Sekten Hochkonjunktur. Aber ein Grossteil der Menschheit hat davon nie etwas erfahren. Darum hat Gott noch zusätzlich einen Weg bestimmt, der für alle gilt. Die Inkarnation. Da wird allen Seelen nach dem ersten Tod im Vorhof des Jenseits klar gemacht, was sie zu tun haben. Jede Seele kann sich für eine Erkenntnistherapie im Jenseits oder für die Inkarnation entscheiden.

13 Der letzte Kampf und die Wiederkunft des Allmächtigen

Harmageddon, die letzte kommende Schlacht der gescheiterten Völkergemeinschaft, der ursprünglichen Kinder Gottes, vollzieht sich im Mittleren Osten auf dem Fleck Erde, den Gott schon am Anfang als heilig erklärt hat. Diese Stätte ist Wiege und Sarg der Geschichte unseres Planeten mit den speziellsten und interessantesten Wesen im ganzen Universum.

Die Bemühungen, ein friedliches, gottesfürchtiges Zusammenleben zu erreichen, sind schon lange gescheitert. Das sieht jeder, der es sehen will. Sie machen einen Schritt vorwärts und zwei zurück. Trotzdem werden immer neue Kriege geführt, angeblich um den niemals ausrottbaren Terrorismus zu bekämpfen. Statt unhaltbare, ungerechte Zustände zu beheben und so der Ursache auf den Grund zu gehen, wird Gewalt mit Gewalt vergolten. Das ist Terrorismus. So steht es auch in der Heiligen Schrift. Das Wort Terrorismus musste erfunden werden, um Vergeltungsschandtaten zu rechtfertigen und glaubwürdig zu bleiben. Deshalb wird Gott diesem Treiben ein Ende setzen, weil seine einst favorisierten Wesen dazu nicht fähig waren. Aber allein schuldig sind sie nicht. Denn der gefallene Engel Luzifer übt seinen destruktiven

Einfluss auf sie aus. Darum wird dieser Dämon am jüngsten Tag vernichtet werden. Nur wer an Jesus glaubt, kann der Macht des Bösen wiederstehen und weiss, was Gerechtigkeit ist. Weil Warnungen und Empfehlungen über alle Zeiten unbeachtet blieben, wird der Schöpfer persönlich durch seinen Sohn das Experiment beenden. Nach dem Sühnopfer am Kreuz wurde Jesus Christus alle Macht gegeben, das heisst Vater und Sohn sind eins in alle Ewigkeit.

Am Tag X, wenn die letzte Schlacht auf dem heiligen Boden geführt wird, wird über die Selbstzerstörung grosses Wehklagen bei den noch Übriggebliebenen herrschen. Der Himmel wird sich öffnen, und eine gewaltige Energie und Lichtflut wird dann alles Irdische, das übrig geblieben ist, auslöschen. Mitten im Licht wird mit das ganze Universum durchdringenden Posaunenklängen Jesus in seiner ganzen Macht, Pracht und Herrlichkeit erscheinen. Das irdische Jerusalem wird sich in die goldene Stadt verwandeln, und diese wird mit den zu dieser Zeit noch auf der Erde Lebenden, Gottgläubigen in die ewigen Gefilde der Glückseligkeit entrückt werden. Gleichzeitig werden auch alle anderen über die gesamte Menschheitsgeschichte Verstorbenen sowie die sich noch in den Entwicklungszentren befindenden Seelen, die Gott grundsätzlich akzeptiert hatten, erlöst sein. Das ins Paradies entrückte Jerusalem wird in den heiligen geistigen Räumen der

Räumen der Engelhierarchie als goldene Stadt ein ewiges Symbol des vergangenen interessantesten Experiments des Schöpfers sein, das nun auch sein geschichtliches Ende gefunden hat. Da Gott aber nie ruht, wird immer wieder etwas Neues das Universum bereichern und verändern.

14 Tiere und Mensch

Gott hat die Tiere als friedliche Wesen lang vor der Paradieszeit erschaffen. Sie sind unsere fernen Verwandten. Als Adam nach der Geburt des Kain die Erde bewanderte, konnte er noch mit den Tieren und der Natur sprechen, für was alles da und auch zu gebrauchen ist. Das war nach dem Sündenfall noch ein Gnadenakt Gottes. Weil sich unmittelbar darauf auch das Wesen der Tiere verändert hatte, gerieten sie in Streit miteinander wie die Menschen.

Der Entwicklungsprozess bildete auch Monster sowie allerlei grosse und kleine gefährliche Kreaturen heran. Weniger gefährliche und scheue Arten wurden später, gegen Ende der dreihundert Millionen Jahre Periode, sukzessiv zu Haustieren herangezüchtet und erzogen.

Im Verlauf der Erdengeschichte hat sich ein ständiger Entwicklungs- und Veränderungsprozess von Natur und Tierwelt entwickelt. Dazu gehört die lebenswichtige Ökologie mit ihren Miniwesen, Mikroorganismen, Viren und Bakterien, welche sich auch ständig verändern, erweitern und anpassen. Durch vielfältige Eingriffe der Menschen in die Natur wird diese dezimiert und zeigt viele negative

Folgen, welche sich rächen und eines Tages nicht mehr korrigiert werden können.

Gott gab den Menschen die Erde mit einer Vegetation, die alle Menschen und Tiere fleischlos ernähren könnte. Das war auch sein Wunsch. Der Mensch wählte in seinem freien Willen aber den egoistischen, bequemeren Weg. Er schaffte Völkeransammlungen in Ballungszentren, in denen nicht alle in gesunder Weise ernährt werden können. Die Landschaft wird verbaut, Natur und Umwelt systematisch zerstört und die übrigen Erdgebiete mit ihren Menschen vernachlässigt und dem Unheil überlassen.

Als Hauptnahrungsquelle mussten die Tiere herhalten, welche in verantwortungsloser Art gezüchtet und gemästet werden. Sie werden so gezüchtet, eingesperrt und mit chemischen Präparaten unnatürlich ernährt, bis sie in möglichst kurzer Zeit den Weg in die Todesfabriken der städtischen Schlachthäuser antreten müssen. Josua, der Nachfolger von Moses, rief: Ihr macht das Haus Gottes zu einer Mördergrube.

Der Tag wird kommen, an dem sich der Zorn Gottes in unvorstellbarem Ausmass über die Menschen entladen wird, welche seine wehrlosen Geschöpfe mit äusserster Brutalität und Gefühlskälte über alle Zeiten missbraucht haben. Die Verantwortlichen, die solches zulassen, tragen noch die grössere Schuld und werden dementsprechend zur Rechenschaft gezogen.

Die Todesschreie und die Angst in den Augen der beseelten misshandelten Kreaturen wird einst die Gebieter über Leben und Tod verfolgen und mit unvorstellbarer Härte treffen. Sie werden dereinst mit den Mördern in Milliarden Augenpaare der gepeinigten göttlichen Wesen blicken müssen. Jeder wird sich für sein Tun mit der stummen Kreatur zu verantworten haben. Da gibt es keine Rechtfertigungen mehr. Die ganz Schlauen beziehen sich auf Bibelstellen, welche sie bewusst, aus Unverständnis oder Arroganz, zu ihren Gunsten auslegen. Es gibt keine Stelle, die Schändung und Tötung erlaubt oder rechtfertigt. Der zuverlässigste Entscheidungsträger ist das Gewissen, sofern dieses bei solchen Menschen überhaupt noch funktioniert und nicht schon abgestumpft ist.

Hindus und Buddhisten essen kein Fleisch, weil auch im Tier „Atam", der göttliche Hauch, oder Atem ist. Wenn die Menschen nur wollten, gäbe es auch ohne Fleisch für alle genug Gesundes zu Essen. Auch Geist und Seele könnten sich besser entwickeln und ein viel höheres Niveau erreichen.

Die Tieropfer, die Gott am Anfang der Menschheitsgeschichte von seinen ergebensten Auserwählten gefordert hat, waren immer nur einmalig und lediglich ein Hinweis auf das nachfolgende blutige Sühnopfer Jesu am Kreuz auf Golgatha. Diese Erkenntnis steht allen offen, die sich ehrlich darum bemühen. Auch wäre sie Behörden, Wirtschaftsstrategen und Schriftgelehrten zu wünschen., die das Gegenteil behaupten und so eine Legitimation für die in vielen Staaten behördlich abgesegnete Massenschlächterei und Diskriminierung der gesamten Tierwelt geschaffen haben, wofür sie verantwortlich sind. Alle denken, so lang nichts passiert und das Vernichtungswerk fast vollautomatisch funktioniert, sei alles in Ordnung. Sie mögen nicht warten, bis das prophezeite Strafgericht über sie hereinbricht. Die moralische Blindheit der wissenschaftlichen Gutachter ist erstaunlich, wirkt aber in keiner Weise entlastend.

Die Tiere zeigen sich als der Menschen ergebenste Freunde und Beschützer, wenn sie würdig und nicht nur als Sache behandelt werden. Gott hat sie in ihrer Bestimmung den Menschen gleichgestellt und nicht für deren Speisezettel untergeordnet. Sie sind seine Geschöpfe, haben eine Seele, empfinden Gut, Böse, Schmerz und Wohlgefühl wie der Mensch. Zum Teil sind sie hoch empfindsam, vorausahnend, und wir werden ihnen auch im Jenseits wieder begegnen. Darum ist es ein scheussliches Verbrechen, wie die liebenswürdigsten Geschöpfe mit zum Teil brutalsten Methoden behandelt und getötet werden.

Diese Belastung haftet schwer an der menschlichen Gesellschaft und wird sich vor der Wiederkunft des Herrn und Schöpfers noch rächen. An ihren Taten werdet ihr die brutalen selbstherrlichen Blindgänger mit ihrem beschränkten Horizont erkennen.

Wie soll da unter den Menschen Friede einkehren, wenn die Verantwortlichen weder Herz noch Bedürfnis zeigen, die hilflosen Kreaturen zu schützen. Die Rechtfertigungen der Sünder werden sich als Bumerang erweisen.

Wenn jeder Mensch das Tier, dessen Fleisch er isst, selber töten müsste, wären neunundneunzig Prozent Vegetarier. Die restlichen ein Prozent sind ohnehin schon kurz nach der Geburt von Satan inspirierte Verbrecher und Sadisten. Allein in einem mittelgrossen Staat wie zum Beispiel Deutschland müssen jährlich zwei- bis dreihundert Millionen Tiere dahin vegetieren bis sie geschlachtet werden, damit die unbelehrbaren Fleischfresser sich ungesund ernähren können. Die Herzensabneigung oder das gefühlsmässige Sträuben gegen Blutvergiessen hat einen tiefen inneren Grund, den wir nicht ungestraft verletzen.

15 Das Schwert und die Gerechtigkeit

Wer zum Schwert greift, wird durch das Schwert umkommen, so steht es geschrieben. Eine gerechte Demokratie kann man nicht mit Gewalt erzwingen, und genau das haben die Menschen immer versucht und werden es auch weiterhin erfolglos tun.

Die Traditionskulturen mit ihren enormen eingeborenen Menschenanhäufungen sind zu verschieden und zu verwurzelt. Da gibt es nichts Grundlegendes zu verändern. Aber die Illusionen müssen weiter leben, damit das Prophezeite seinen Lauf nimmt. Die Macht der selbsternannten Religionsprediger sowie der Volksführer mit ihrem Mammon, Geld und ihren Waffen ist so stark, dass sich die beeinflussbaren Verführten und Abhängigen gar nicht erfolgreich wehren können und im Strom des Verderbens mitgerissen werden.

Keine unbedingt Gottesfürchtigen und Propheten, sondern nüchterne, intelligente, knallharte Denker und Wissenschafter haben schon immer gewarnt, aber sie bleiben die einsamen Rufer in der Wüste. Es gibt nur eines, was sicher ist und nicht verfälscht werden kann, die Tatsache, dass alle am Ende ihrer Tage die Wahrheit erfahren werden, was richtig gewesen wäre, wie es hätte sein müssen und wie es im neuen Zustand und den neuen Verhältnissen weitergehen wird. Dann gibt es nichts mehr zu philosophieren, und die zu Lebzeiten verborgenen Tatsachen werden ans Licht kommen und ihre zwangsläufigen Folgen zeigen.

16 Bibel, Kulturen und Religionen

Die Bibel ist grösstenteils ein verschlüsseltes Buch mit bei flüchtigem Hinsehen angeblich vielen Widersprüchen. Grund dafür sind die nach der Ursprache gefolgerten zahlreichen Übersetzungen, aus denen eine fast eigene, nicht immer mühelose und sinngerecht verständliche Sprache entstand und die den immer schneller und angenehmer gewordenen Lebensgewohnheiten vieler Völker nicht mehr gerecht werden konnte. Die Bibel war einem immer florierenderen Missbrauch ausgesetzt. Sie wird es auch immer sein.

Die diversen Glaubenslehren predigen von ihrem Gott, der die fleissigen Anhänger, Befürworter oder Gläubigen ihrer Doktrin nach ihrem Tod automatisch im Paradies empfangen wird. Neben den vielfältigen Philosophien und Lehren bietet die Bibel wohl eine der wertvollsten Orientierungsmöglichkeiten. Ganz so einfach und problemlos, wie allgemein angenommen und gepredigt wird, ist es aber nicht.

Weil sie viele Erklärungsmöglichkeiten bietet, passt dies den Sektengründern bestens ins Konzept. Mit prunkvollem Zeremoniell wird versucht, die Zuhörer in künstliche Glückseligkeit zu versetzen.

Aber die Apathie dominiert, die Zweifler mehren sich und die Kirchen werden immer leerer.

Die einen finden das Heil nur im Alten, andere im Neuen Testament. Dann gibt es auch Gemischtanbieter mit eigenen Propheten und Prophetinnen sowie extreme Sekten. Von Gott wird zwar viel geredet, aber ob er in die Herzen eingezogen ist, wo ihn niemand sieht, interessiert die Zeremonienmeister nicht. Wenn die Seelenmassage vorbei ist, geht der meistens weniger angenehme Alltag wieder weiter. Hauptsache, die Schäflein leben in der Illusion, mit viel Kirchenbesuch Gott zu gefallen und sich so den Weg ins Paradies zu sichern.

Grosse Weltkirchen erfüllen ihre Aufgabe nie mit hingebender Überzeugung. Zu frappante Unterschiede prägen ein gespaltenes, uneiniges Gesamtbild, was vor allem kritische Zuhörer in einen Glaubensnotstand versetzt und die Suche nach spontaneren Alternativen fördert. Als logische Folge entstanden eine enorme Anzahl sektenhafter Heilsbotschaften, und es kommen immer neue dazu. Alle finden ihre Anhänger, selbst wenn die Absichten unverkennbar sind: den Gläubigen zum Wohl der „Heilsverkünder" das Geld aus der Tasche zu ziehen.

Mit möglichst viel Angeboten hat das Böse ein leichtes Spiel, Suchende in die totale Passivität oder einen falschen Übereifer zu versetzen. Um Lebenskrisen, inneres Chaos, Leere und Verkommenheit zu überlisten, brauchen die einen Drogen, andere nur etwas fürs Gemüt. Aber viele denken etwas weiter. Um zu sich zu finden und auf irgendeine Art zu überleben, werden fast unerschöpfliche Möglichkeiten geboten, und die Auswahl fällt oft schwer, weil das Böse immer präsent ist, auf ganz unauffällige Weise mitspielt und zu Kurzschlusshandlungen verleitet.

Wie in Wirtschaft und Politik steht der Eigennutz der Religionsunternehmer im Vordergrund. Der durch Erlösungsversprechen erzielte Reichtum an Geld und Gütern enthüllt nicht das Bild von demütiger Ergebenheit und Nächstenliebe. Die Heilige Schrift stellt die Befreiung vom materiellen Denken in den Vordergrund, um den geistigen Fortschritt zu fördern.

Intelligenz darf nicht den Eigeninteressen dienen, sondern soll das Bewusstsein für die herrschende Not fördern, um viele zu guten Taten für die Notleidenden anzuspornen. Weil auch zu unrecht geglaubt wird, dass die Bibel nur von Theologen und Bibelforschern gedeutet werden kann, haben die Religionsvertreter ein leichtes Spiel, ihre eigene Version den Suchenden glaubwürdig anzupreisen. Das gelingt auch oft, weil den Gläubigen suggeriert wird, dass Gott nur über Mittler mit Erfolg ansprechbar sei. Tatsache aber ist, dass alle von der göttlichen Quelle direkt versorgt werden, wenn sie sich ehrlich darum bemühen.

Sobald irgendwo ein Erklärungsbedarf angezeigt war, wurden die besonders Weisen auf den Plan gerufen. Weil es jeder anders verstanden hat, war die Basis für eine eigene Version gegeben, und der Glaubensdschungel begann zu prosperieren. Clevere Schlaumeier waren sich der naiven, kritiklosen Gutgläubigkeit vieler Menschen bewusst. Sie haben flugs und meist nur zum Eigennutz eine eigene Heilsbewegung gegründet. Die Anhänger waren ihnen ja sicher. So sind weltweit Tausende von Sekten und Freikirchen entstanden, und alle predigen, dass nur über sie die Erlösung und der Weg ins Himmelreich möglich sei.

Über alle anderen und was mit denen passieren wird, hört man von den fleissigen Glaubenseiferern und Bibelforschern gar nichts. Sie behaupten bestenfalls nur, dass jene halt verloren und selber schuld seien, weil sie nicht einer ihrer Heilsgemeinschaften angehörten. So ist es jedoch nicht. Jeder hat eine Chance, wie ich es geschildert habe. Das ist Gerechtigkeit, wonach die Menschen immer schreien und zu wenig dafür tun.

Weil Lebens- und Existenzkampf zunehmend müheloser gestaltet werden, ist auch die Eigeninformation träger geworden. Das wird ausgenutzt, um die Menschen zu kanalisieren, gleichzurichten und zu beherrschen. Als Vorwand gilt, dass nur die Studierten und Bibelforscher das Geschriebene verstehen und erklären können, aber auf ihre Mühle gemünzt. Es hat indessen jeder einen direkten Draht zu Gott. Wer diesen nutzt, wird den Weg erkennen und die Wahrheit erfahren. Es gibt nur eine Unwiderlegbarkeit und nur einen Gott, weshalb auch die Gesetze für alle dieselben sind. Weil jeder allein sterben und sich verantworten muss, kann er auch nur allein in direktem Kontakt mit dem Schöpfer und dem Sohn die Erlösung erfahren. Nur über diesen Weg kommt die Befreiung, und das Rätselraten, ob man der richtigen Glaubensgemeinschaft angehört, nimmt ein Ende.

Dass es so verschiedene Kulturen mit ihren Göttern, Zeremonien sowie eigener Sprache überhaupt gibt, ist das Werk des Bösen mit den immerwährenden Konsequenzen, worauf auch die biblischen Prophezeiungen hinwiesen. Die unbewusste Anbetung fremder Götter infolge Eingeborenheit in die entsprechende Kultur wird keine Strafe zur Folge haben, weil alle Menschen seit dem Sündenfall unter dem Einfluss der negativen geistigen Macht Luzifers zu leiden haben. Das Gewissen zeigt ihnen das richtige Handeln und ersetzt die verbalen Gebote Gottes, von denen sie nie etwas gehört haben. Seit Anbeginn hat der Mensch unter den

Einflüssen des Bösen zu leiden, muss verzichten, kämpfen und Opfer bringen, um diesen zu entfliehen. Meditation sowie Aufenthalte in der absoluten Ruhe der Natur sind die besten Voraussetzungen für die Befreiung der Seele von den vielfältigen Hindernissen, die uns in den Weg gelegt werden.

Die andauernde Einstrahlung aus der negativen Geisterwelt hemmt und verhindert die vollständige Harmonie nach dem ursprünglichen Willen Gottes. Deshalb sind wir alle voller Mängel. Aber jeder birgt ein Stück Wahrheit und Erkenntnis in sich. Darum die Empfehlung: Niemals vorverurteilen, denn es heisst, prüfet alles, aber das Gute behaltet, richtet nicht, auf dass ihr nicht gerichtet werdet. Und das wichtigste Merkmal besagt: an ihren Taten werdet ihr sie erkennen.

Es sei wiederholt, dass alle in ihrer angestammten Kultur und Religion selig werden können, sofern sie Gott, den Erlöser, ehrlich suchen und nicht alles glauben, was ihnen aufgetischt wird. Wer sich Christus direkt anvertraut, erhält Gewissheit und kann beruhigt in die Zukunft blicken.

So wie eine Frau zu Angehörigen an ihrem Sterbebett gesagt hatte: Lasst mich jetzt allein, ich muss gehen, der Herr kommt. In diesem Moment bestrahlte ein helles Licht das friedliche Angesicht der Verstorbenen.

Der Rettungsplan Gottes zur endgültigen Erlösung seiner Menschenkinder war nur über die Erdengeburt und Opferung seines Sohnes möglich. Zur Erfüllung dieses einmaligen Werkes wurde die bekannte Region des vorderen Orients ausgewählt. Dort wurde Jesus, der Sohn Gottes, vor ca. zwei Tausend Jahren geboren. Es war eine lang vorangegangene Zeitspanne, bis sich Gott zu diesem einmaligen Gnadenakt für sein in der Schöpfungsgeschichte einmaliges Werk entschlossen hatte. Die Art und Weise, wie die Geburt Jesu vollzogen worden war, spricht ebenfalls für die unbegrenzten Möglichkeiten Gottes.

Christus brauchte weder Zeremoniell noch Maskeraden, um die Menschen zu überzeugen und zu beeindrucken. Er arbeitete direkt, ruhig, gelassen, überzeugend, mit wenig Worten, feierlich, ohne Musik und Gesang, einfach so, wie er daher kam. Aber er hatte etwas, das seinen Nachfolgern fehlt, eine betörende, fast lähmende Ausstrahlung, die seine Herkunft zweifellos und eindeutig markierte. Er kam, sah, wies den Menschen den Weg, starb am Kreuz, siegte, und alle Macht wurde ihm gegeben.

17 Terrorismus, Leben und Demokratie

Das hässliche Wort Terrorismus musste erfunden werden. Es bedeutet eine der vielen Verhaltenseigenschaften von Mensch und Gesellschaft im Kampf mit den zwei geistigen Strömungen von Gut und Böse.

Satan hat alles im Griff. Er eliminierte die Gerechtigkeit, welche es nie gegeben hatte und nie geben wird. Die Menschen wurden gespalten in gute Böse (Materialisten und Egoisten) und schlechte Böse (Diktatoren und Terroristen). Es gibt jene, die möchten mit und andere, die möchten ohne Terrorismus die Welt beherrschen.

Es wird immer vergessen und die Anstrengung gescheut, zu erkennen, dass das gesamte Weltgeschehen sowie die Einzelschicksale von zwei geistigen Urmächten abhängig gemacht wurden und vom Lebensanfang bis ans Ende unter deren Einfluss stehen. Luzifer machte den Anfang als er sich gegen das Schöpfungswerk Gottes auflehnte. Deshalb hatte er, wie vorgängig schon erläutert, den Sündenfall provoziert. Mit andern Worten, er hat uns die Suppe eingebrockt, die wir nun auszulöffeln haben. Weil Gottes geistige Macht grösser ist, alles durchschauen und bewirken kann, hätte er die Auflehnung seines gefallenen Engels mit den dramatischen Folgen für sein Werk natürlich verhindern können. Er hat aber diese Engelrebellion zum Anlass genommen, seine Kinder auf einen Schulweg zu schicken. Trotz des mühsamen Studiums garantiert er jedoch allen einen gnädigen Abschluss durch seinen Sohn.

Um den Menschen eine Chance zu geben, ihren Weg zu erkennen, stehen die zwei geistigen Mächte im andauernden Konkurrenzkampf. Wer siegt, ist keine Frage. Doch für uns Menschen ist diese Rivalität unerlässlich, um den eigenen Existenzkampf bestehen zu können, damit die irdischen Inkarnationsphasen schlussendlich zum Erfolg führen. Genau so, wie das Erreichen eines gesteckten Zieles eine Leistung erfordert, muss im Leben immer etwas getan werden, um der zerstörerischen Macht zu entfliehen, damit Lebensgewohnheiten und Verhalten verbessert werden können.

Böse Menschen werden keine geboren. Sie sind vielmehr schon kurze Zeit nach ihrer Geburt alle Opfer ihrer Vergangenheit sowie der sich im neuen Leben fortsetzenden vielfältigen Tricks Luzifers geworden, mit denen er sie wiederum auf seine Seite zu ziehen versucht. Die Menschen sollten sich bemühen, dies zu begreifen, zu akzeptieren und das Verhalten danach auszurichten. Jedes neue Leben zeigt ein Gesamtbild entsprechend dem Unbewussten, schon Gelebten und Vorgefallenen. Wir bekommen keine Prüfungsgarantie auf den Lebensweg. Allein der Glaube an Christus und seine Gnade, das immer wieder Vorgekommene, Fehlbare zu verzeihen, kann uns weiterbringen.

Die über das Böse verführten Menschen zeigen ihre Macht, indem sie die Gegenseite mit einem Trommelfeuer von Verführungskünsten sowie Wohlergehensangeboten unter Beschuss nehmen, eine klare Sicht trüben und die Sinne mit wohlgefälligen Ablenkungsmanövern verwirren, um das Bewusstsein für das Gute mit allen Mitteln zu vernebeln.

Das weltweite Bestreben, dem negativen Geschehen mit Gewalt ein Ende zu setzten, wird immer fehlschlagen. Gott hat es zugelassen, deshalb muss es bis ans Ende der Tage wirksam bleiben, sonst würde auch die Lebensschule ausser Kraft gesetzt. Ohne sich über den Sinn dieses Geschehens klar zu werden, ist ein Fortkommen nicht möglich. Offen bleibt immer ein Frage- und Antwortspiel.

Schon in meiner Kindheit hat der Pflegevater immer von einer Filz- und Vetternwirtschaft gesprochen, sicher nicht ohne Grund. Als Patrioten gehen wir aber trotzdem stimmen, obwohl die in Bern doch machen, was sie wollen. Es war damals schon so, dass Volks-, Wirtschaftsvertreter und Spekulanten in der Grauzone des Gesetzes die Fäden zogen und im Geltungsdrang Bereicherungsspielchen betrieben, welche für Uneingeweihte und weniger schlaue Bürger nicht erkennbar sein sollten.

Kommt dann durch Aussenstehende doch etwas ans Tageslicht, beginnt die gegenseitige Deckungs-, Vertuschungs- und Verharmlosungsstrategie. Andererseits wird gegen das Fussvolk wegen jeder Banalität der ganze Justizapparat in Bewegung gesetzt. Das ist doch logisch, die muss man im Griff haben, um sich selber einen Platz an der Sonne zu sichern.

Das war schon früher so, ist es auch heute, und es wird so bleiben bis ans Ende der Tage. Die Gerechtigkeit ist eine Illusion, muss sie auch sein, sonst müsste Luzifer kapitulieren, und das will er auf keinen Fall. Keine Macht der Welt wird ihn dazu zwingen können. Dieser Dämon ist Christus reserviert für die Schlussrunde bei seiner Wiederkunft, das hat er ihm versprochen.

Sport und Vergnügen, als Erholung vom Alltagsstress in Ehren, das ist gesund und fördert die Lebensharmonie. Die ehrgeizigen Extremunterhaltungen sind jedoch in keiner Weise auf Dauer menschen- oder umweltverträglich. Sie peitschen den Adrenalinspiegel hoch, bringen den Verlust der Selbstbeherrschung und bewirken im Endeffekt das Gegenteil.

Alle wissen es, statt mehr Lebensqualität für die Allgemeinheit wird Bisheriges und Neues immer perfektionierter und gefährlicher. Den Verantwortlichen ist es egal, weil sie sich selber daran ergötzen und auch noch daran verdienen. Andersdenkende und in Mitleidenschaft Gezogene, werden bedenkenlos übergangen. Die vielen Spektakel-Toten und negativ Betroffenen sind auch schnell vergessen. Das gehört sich doch alles für eine ohnehin dem Untergang geweihte moderne Gesellschaft. Alles hat seinen Preis. Einen beschränkten Nutzen hat niemand ausser die Akteure, falls sie überleben, sowie deren Sponsoren.

Die Bewilligungsgeber und Organisatoren delegieren die Verantwortung. Wenn etwas passiert, ist es halt „Schicksal", und sie erfreuen sich dem Beifall Gleichgesinnter. Die Sponsoren wollen ihr Geld steuerfrei platzieren und die Konsumenten ihre Sorgen für kurze Zeit los werden.

Es wird von den weltweit sehr wenigen entstandenen Arbeitsplätzen sowie deren Nützlichkeit geredet. Aber ob sich diese in einer für alle und alles gesunden Atmosphäre bewegen, wird zu wenig in Betracht gezogen. Man gaukelt lieber Illusionen vor. Die kleine Anzahl geschaffener Arbeitsplätze könnte gut in eine vernünftig geführte Gesamtwirtschaft integriert werden, wenn die enormen Summen statt für Leerlaufvergnügen für die Volkswirtschaft aufgewendet würden.

Es ist jedoch offensichtlich, dass Prestigedenken und Ehrgeiz im Vordergrund stehen und diesen Lebensbereich beherrschen. Weil man es nicht zugeben will, kommt der Seelentröster Arbeitsplätze sehr gelegen. Es werden Luftschlösser gebaut, und man guckt in den TV-Kasten.

Weshalb kann zum Beispiel Volksschauspiel und Massendroge „Formel 1" überhaut existieren? Die wichtigsten Sponsoren sind die Ölmultis mit ihren Luxus- und Verschwenderdynastien, die gesundheitsschädigenden Tabakholdings und die Pneugiganten. Alle haben nicht den Ruf eines Hochlohnzahlers. Für das Sponsoring ist jedoch immer genügend Geld vorhanden. Nur für die Armen und Hungernden bleibt nichts übrig.

Für den Allgemeinbedarf können gute Pneus und andere Teile ohne „Formel 1" hergestellt werden. Die Materialforscher brauchen keine Rennautos. Dem ungeachtet fehlt es nie an Argumenten, dieses Bedürfnis zu verteidigen. Es ist allein das Böse, welches für Ungerechtigkeit sorgt und immer wieder Krisen heraufbeschwört, damit diese der Menschheit erhalten bleiben, solang sie noch existieren muss. Deshalb wird sich die Geisteshaltung der Verantwortlichen nicht ändern, und eine fundamentale Weltverbesserung, auch mittels Demokratien, wird nie möglich sein.

Um das Volk bei der Stange zu halten und aus nationalem Ergeiz heraus - nicht wegen der Volksgesundheit - wird der Sport hochgejubelt. Die Leute sollen im Begeisterungstaumel ihre Sorgen vergessen. Diese Droge ist ja nicht verboten. Auch wenn es dabei Tote gibt, wird kein grosses Aufhebens gemacht. Der Mensch kann ja überall sterben. So wird der Spitzensport bis zur Selbstzerstörung aufgepeitscht, zum Vergnügen der Sportler, aus Ehrgeiz und Heldentum der Akteure und Veranstalter.

Die Medien machen fleissig mit und spielen ihre Führungsrolle bis zum immer wieder unvermeidlichen Katzenjammer. Dabei spielt natürlich das Geld eine zentrale Rolle, wie könnte es anders sein. Die Moneten, die sonst überall fehlen, sind plötzlich im Überfluss vorhanden, und einige wenige dürfen sich an jedem Spektakel bereichern. Laut den menschenfreundlichen Supersponsoren fliessen die horrenden Ausgaben wieder auf irgendeine Weise nutzbringend in die Wirtschaft zurück. Es hat sich nur noch niemand gefunden, der klar aufzuzeigen vermag, wie und in welcher Zeit. Das Hohe Lied für die „Formel 1" hat sich als nichts anderes als eine gigantische Geldvernichtungsanlage erwiesen.

Trotz den auf vielen wichtigen Gebieten und Existenzzweigen ersichtlichen Negativtendenzen ertönen unaufhaltsam optimistisch, ungerührt und beschwichtigend die Friedensschalmeien. So war es immer, aber es soll nicht immer so bleiben. Einmal wird das Auf und Ab ein Ende haben. Es heisst doch in der Bibel: Immer wenn sie viel von Frieden reden wird Krieg sein. So wie ich es erklärt habe und es auch geschrieben steht, beweist uns die Geschichte, dass die Realität über den Kampf zwischen Gut und Böse immer dieselbe geblieben ist. Trotz zunehmender Intelligenz mit ihren erstaunlichen und vielfach umgesetzten Forschungsergebnissen wird diese Tatsache verdrängt. Erkenntnisse, Handlungen, Angst, Zweifel, Glück, Unglück oder Schutz werden unbewusst gesteuert, damit das Experiment der Menschengeschichte erfüllt werden kann.

Das ist alles schwer zu begreifen, weil sich Gut und Böse dauernd rivalisieren. Die von den geistigen Ur-Mächten gleichmässig ausströmenden Signale bringen die Menschen oft in einen Entscheidungsnotstand. Weil der Bösewicht auf dieser Erde sehr mächtig ist, wird Hilflosigkeit und Terror das Geschehen stets nachhaltig bestimmen. Die Kontraproduktivität der ungerechten Gewaltmethoden wird von den Verantwortlichen nicht eingesehen, weshalb auch keine entscheidenden Gesamtfortschritte entstehen können. So bleibt vielen Einsichtigen nur der erfahrungsgemäss vergebliche Protest. Es gibt Anschläge als Folge von Verzweiflung und Ungerechtigkeit. Im Namen Gottes werden Vergeltungsaktionen durchgeführt, welche ein Mehrfaches an Opfer fordern und den verbrecherischen Leerlauf nur noch zementieren. So wird der Kreis von Ansprüchen und Verfehlungen geschlossen und der sinnvolle Weg verpasst.

Die Beweggründe, aus denen sich von jeher Diktatoren, Vorsteher und Volksvertreter sowie Intelligenz und Führungsleute heranbilden und das Weltgeschehen beherrschen, wurzeln auch in einem moralisch religiösen Seeräuberhintergrund. Das waren und sind keine Hirten, die ihre Schafe weiden und vor dem Wolf bewahren. Es sind eher Wölfe im Schafspelz. Sie erklären und regeln vieles, ohne die wirklichen Absichten erkennen zu lassen. Die Kinder spielen ja schon blinde Kuh. Systeme und Doktrinen von Religionen und Staat, alle finden sie ihre Mitläufer, ob freiwillig, zwangsläufig oder mit Versprechen geködert, ist egal, wenn der Eigennutz stimmt.

Je nach Veranlagung wird zuviel geglaubt, was verkündet wird. Die Verführer und ganz Raffinierten wurden alle schon selber irregeleitet. Das ergibt dann keine Sterndeuter, Moralapostel und Sonntagsschullehrer, sondern knallharte machtbesessene Diktatoren, Spekulanten, Materialisten und Egoisten. So wird es auch weiterhin bleiben, damit der göttliche Plan vorankommt und sein Werk Mensch vollendet wird.

Als Folge des Sündenfalls geht aber der Überlebensprozess bis ans Ende der Tage weiter. Dazu gehört, dass unaufhaltsam die Friedensglocken ertönen, aber gleichzeitig Verbrechen, Kriege, Katastrophen und Krisen das Drama Weltgeschehen prägen.

Aber auch die Lieben und weniger Brutalen sind von einer erstaunlichen, fast beneidenswerten Aura der Scheinheiligkeit umgeben. Um eine Erklärung für absolut erwiesene, mit nichts zu rechtfertigende schamlose Bereicherung sind sie nie verlegen. Sie nehmen Bezug auf vergleichbare Untaten im Ausland, und schon ist das Gewissen – vielleicht - beruhigt. Weil andere es machen, muss man es aus wirtschaftlichen oder gutnachbarlichen Beziehungen auch tun. Es läuft alles wie im Kindergarten, als ob zum allgemeinen Wohl nicht jemand den Versuch wagen könnte, eine Wende zum Besseren einzuleiten. Weil die Übervorteilung zunehmend und überall weiter grassiert, ist das nur ein zeitlich limitiertes Siegeszeichen der negativen geistigen Macht.

Wer nur mit hoher Bezahlung Entscheidendes leisten und Führungsaufgaben übernehmen kann, ist nicht der Beste. Den Besten macht die Arbeit Spass, die würden so etwas nie tun.

In einer ehrlichen Demokratie dürfte die Abzockermentalität auf keiner Ebene toleriert werden. Wenn doch, wirft das ein schiefes Licht auf die Führungsspitzen. Man stellt das Licht lieber unter den Schemel, und glaubt sich so der Verantwortung zu entziehen, wenn es im eigenen Gebäude kracht.

Der immer wieder angestrebte Weltfriede ist eine Narkoseillusion. Zuerst muss der Friede in die Herzen der Menschen einkehren, so wie es Gott gefällig ist. Um ein Haus zu bauen, wird auch nicht mit dem Dach angefangen.

Auch zunehmende Demokratisierung wird an der Tatsache nichts ändern, dass die Menschen in ihrem Verhalten dieselben geblieben sind. Diese Wahrheit wird auch von der Geschichte bestätigt. Was für andere Beweise braucht es noch? Es gibt keine Argumente, welche diese Aussage als falsch wiederlegen können.

Die Demokratisierung ist auch kein Verhaltensfreipass, wie sie vielfach aufgefasst und auch praktiziert wird. Da brauchen wir nur unser eigenes Land unter die Lupe zu nehmen. Wer die zahlreichen zum Teil von den Behörden tolerierten Missstände verharmlost oder gar nicht wahrnimmt, soll ruhig weiter schlafen. Das wird am meisten geschätzt, weil es niemandem weh tut.

Sobald etwas Gutes angestrebt wird, läuten irgendwo die Alarmglocken. Interessenmanipulationen etc. versuchen das Angestrebte in Frage zu stellen, mit schlechteren Alternativen zu ersetzen oder auszuschalten, weshalb viele wichtigen Entscheide und Besserungsvorschläge im Sand verlaufen oder in fatalen Leerläufen enden. Der Bumerang ist immer auf der Lauer und findet seine Opfer.

Solang Dekadenz, Despotismus, Verluderung der Moral, Massenmorde und Zerstörungstrieb mächtige Präsenz zeigen, ist Satan der Triumphierende. Die Exzesse werden auf allen Gebieten zunehmen. So war es auch vor der göttlichen Vernichtung von Sodom und Gomorra.

Positive Anstrengungen und Teilerfolge werden immer wieder torpediert, weil das Übel nicht an der Wurzel gepackt werden kann, solang Luzifer diese Welt beherrscht. Als gefallener Engel wurde er auf die Erde bis ans Ende der Tage verbannt, weshalb wir dauernd seinen bösen Einflüssen, Versuchungen und Bestrebungen ausgesetzt sind, uns vom Guten abzuwenden und Gott zu verleugnen.

Kaiser, Könige, Diktatoren, Volkswegweiser, Wohlstands- und Himmelfahrtsprediger sowie andere Einflussreiche schwelgten schon immer im verschwenderischen Überfluss und überstehen jede Krise. Dass Mitmenschen ums Überleben kämpfen oder verhungern, wird kaum wahrgenommen und beeindruckt nicht, weil man zuerst für sich gesorgt und dabei die unerlässlich Mitwirkenden vernachlässigt hat. Allen dürfte klar sein, dass dies nicht ehrlich Bemühte betrifft. Es sind vielmehr die Extrem-, Experimentier- und Weltbeherrschungsstrategen, welche vom Gott spielen träumen.

Wein trinken und Wasser predigen, so heisst das allgegenwärtige, immerwährende Losungswort, weil das gesünder sei. So hofft man, dass die Gebeutelten und Getäuschten zu Niedrigstlöhnen fleissig und andauernd weiterarbeiten. Es war immer so, aber es wird nicht immer so bleiben.

Vor dem Ende der Tage, also vor der Wiederkunft von Jesus Christus, wird eine Zeit anbrechen, in der alle noch Lebenden wehklagen. Alles positiv und negativ Ausgestrahlte eines Menschen kommt irgendwann als Belohnung, oder zur Weiterverarbeitung zurück, sofern Gott nicht direkt oder über seine dienstbaren Helfer anders entschieden hat.

Die Studierten mussten es tun, um ihre geschenkte Begabung zum Wohl und Nutzen der Allgemeinheit einzusetzen, damit die Existenz für alle gewährleistet ist. Sie dürfen ihre Vorteile aber nicht missbrauchen. Viele tun es aber doch, weil sie den unzähligen, nicht der Allgemeinheit dienenden Versuchungen erlegen sind. Ihr Vorteilsdenken bringt den Abhängigen Nachteile, und der Teufelskreis setzt sich fort.

Durch geflissentliches Reden und Debattieren soll die Glaubwürdigkeit erhalten bleiben, was aber nicht immer der Fall ist, weil auch die weniger Schlauen bald einmal merken, wo der Hase im Pfeffer liegt.

Auch Jean Ziegler mit seinem Buch *„Die neuen Herren der Welt"* irrt sich. Da passieren in Brasilien und anderswo Weltverbesserungsversuche, die nie zum Tragen kommen. Hoffnungsschimmer einerseits, Ernüchterung und enttäuschende Rückfälle anderseits hat es schon immer gegeben. Verbesserungen an einem Ort bringen Nachteile an einem andern, und die Verzweiflungsbemühungen nehmen ihren prophezeiten Lauf.

Was auf dieser Welt abläuft, ist ein Spiel ohne Grenzen, aber die Grenzen sind schon lang gesetzt. Die ablenkenden Möglichkeiten, die Zeit zu verbringen, werden immer vielfältiger, verhindern den Durchblick und führen in die falsche Richtung. Die Welt ist zum Fest- und Rummelplatz geworden. Mit den harmlosen Geburtstagsfeiern fängt es an, und bei den behördlich abgesegneten Streetparaden hört es vielleicht auf. Dazu kommen die stets gegenwärtigen Sinnesbeeinflussungen durch machtpolitische, kulturelle und wirtschaftliche Wirren.

Die Wechselwirkungen von Erfolg und Niederlage werden weiterhin das Weltgeschehen bestimmen. An der Vogelstrausspolitik auf allen Ebenen wird sich nichts ändern, aber Katastrophen und seltsam rätselhafte Phänomene werden zunehmen.

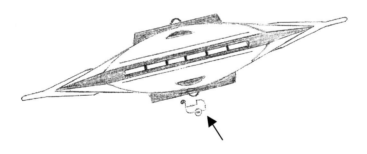

Ufo-Modell, welches die Erde besuchen darf.

18 Die Biographie

18-1 Geburt, erste Pflegeeltern, Totenschau

Das Findelkind aus dem Spital wurde über symbolische Eltern zur Aufnahme in die irdische Gesellschaft registriert. Um keine Diskussion über den rätselhaften Ablauf meiner inkarnativen Ankunft zu provozieren, wurde der Kinderwagen entführt. Es war ein Raumschiff von der Kategorie Ausserirdischer mit einer Dienermission im Auftrag der Schutzgeister aus den Sterling-Pyromeidas. Das Ufo hatte den Kinderwagen ins Schlepptau genommen. Eine Anhängerkupplung war überflüssig. Der Kinderwagen schwebte einfach lautlos mit. Das Ziel der Aussetzung war ein Lagerschuppen am Waldrand. Das Empfangskomitee bestand aus aufgeschreckten Fledermäusen und Waldkäuzen, die in helle Aufruhr gerieten. Diese sensiblen Tiere hatten die lautlose Ankunft und das Verschwinden des seltsamen Objektes mit seiner ungewöhnlichen Fracht wahrgenommen.

Die Lagerarbeiter staunten nicht schlecht, als sie den Fund entdeckten und den Behörden meldeten. Jetzt wurden diese aktiv. So begann mein irdischer Anfangsaufenthalt von fünf Jahren bei meinen ersten Pflegeeltern. Ihr altes Bauernhaus war mein unbeschwerter Jugendtummelplatz. Aus Altersgründen wurde der Bauernbetrieb vor mehreren Jahren aufgegeben. Wir lebten also zu Dritt in diesem ehrwürdigen alten Gebäude, welches auf einer Anhöhe über einer Durchgangsstrasse stand.

Ich war der Schreck und Wirbelwind dieses alten, sympathischen Ehepaars. Manchmal stellte ich das halbe Haus auf den Kopf. Es gab viele interessante Sachen zu entdecken. Wenn ich auf die Strasse hinunterrannte, war ihre grösste Sorge, dass mir etwas passieren könnte. Diese lieben Leute konnten mich aber nicht hindern, weil sie auch immer gebrechlicher wurden. Ab und zu kam jemand ihrer Nachkommen vorbei, um etwas Ordnung zu schaffen. In diesem kleinen Bauerndorf war damals auf der Strasse wenig Verkehr. Es fuhren nur landwirtschaftliche Fahrzeuge und höchst selten ein Auto. Das war natürlich eine Sensation. Jedes Mal, wenn ich nicht gerade im Haus war und etwas hörte, rannte ich auf die Strasse hinunter. Ich wollte das Geschehen aus der Nähe betrachten.

Manchmal bin ich abgehauen und habe dann meistens auch ein verirrtes Gspänli angetroffen. Viel konnten wir nicht unternehmen. Wir strolchten einfach in der Gegend herum. Weil in der Nähe eine Stumpenfabrik war, dachten wir viel ans Rauchen. Am Wegrand gefundene Nielen wurden mit geklauten Zündhölzern in Brand gesetzt. Der Rauch war aber sehr bissig auf der Zunge. Es wurde uns auch miserabel schlecht. Und so vergassen wir dieses Vergnügen bald.

Zuerst starb der Pflegevater, kurze Zeit später die Mutter. Für sie allein wäre es unmöglich gewesen, mich zu bändigen. Ihr Tod hat mir psychisch sehr zugesetzt. Eine Verwandte führte mich an der Hand ins Totenzimmer zum blumengeschmückten Sarg. Trotz der friedlichen Gesichtszüge hatte ich grosse Angst, weil ich das erste Mal mit dem Tod konfrontiert worden war.

18-2 Zweite Pflegeeltern

Kurz nach diesem Ereignis bekam ich einen Vormund, der in meinem fünften Altersjahr meinen zweiten Lebensabschnitt vorbereiten musste. In einem Gespräch wurde ich auf diesen vorbereitet. Ich hatte gar keine Freude, diese vertraute Umgebung verlassen zu müssen. Aber der Vormund fragte mich natürlich nicht, ob mir das passe. Es gab ja gar keine andere Möglichkeit. Es war das Los der Verdingkinder, herumgeschoben zu werden. Ich wurde eindringlich auf das künftige Verhalten bei den neuen Pflegeeltern hingewiesen. Die Ermahnungen, bei den neuen Pflegeeltern nicht mehr frei herumzurennen und ihnen zu gehorchen, sonst käme ich in eine Anstalt, hatten mich aufgeschreckt.

Es war auch von einem Bauernhof und vom Arbeiten die Rede. Als der Tag der Abreise kam, hatte ich ein sehr mulmiges Gefühl und war in ängstlicher Erwartung der Dinge, die da kommen würden.

Wir fuhren mit der Bahn in ein anderes Dorf, dann ging es zu Fuss auf einen Bauernhof. Kurz nach der Ankunft und Begrüssung hat sich der Vormund wieder verabschiedet. Es war ja schon längst alles abgesprochen. Ich war plötzlich scheu, zurückhaltend und habe mich nur langsam eingelebt. Anlass zu etwas Freude und Aufmunterung gaben mir die vielen Tiere.

Täglich bekam ich mehr Einsicht in den Betrieb und die Arbeiten auf einem Bauernhof. Statt frei herumzurennen wie vorher, wurde ich mit kleinen Arbeiten und Hilfeleistungen vertraut gemacht. Mit der Umgebung und den nächsten Nachbarn bekam ich nur langsam Kontakt. Ans Spielen und an Spielkameraden durfte ich nicht denken. Das hatte keine Priorität im neuen Leben. Ich war ja ein Fremder, Zugelaufener.

Ein Thema war auch die Schule im Nachbardorf und das erste Schuljahr, welches mit dem sechsten Lebensjahr bald beginnen sollte. Kleine Botengänge gehörten ebenfalls zur Beschäftigung, damit die Zeit nicht mit nutzlosen Dingen vertrödelt wurde. So musste ich auch einem reichen Nachbar Butter, Eier, Obst und Gemüse bringen.

Am ersten Schultag hat mir die vier Jahre ältere Tochter dieses Nachbarn den einstündigen Schulweg gezeigt und mich an der Hand ins Klassenzimmer geführt. Da sah ich zum ersten Mal viele Kinder. An Spielkameraden ausserhalb der Schulzeit durfte ich aber nicht denken. Ich musste immer sofort nach Hause.

Je älter ich wurde, desto mehr gab es zu arbeiten. So blieb auch für die Schulaufgaben nicht mehr viel Zeit. In der Küche musste ich schon früh helfen, das Geschirr abzutrocknen, bevor ich mich auf den Schulweg machen konnte. Kaninchen, Hühner und Schweine füttern gehörten zu meiner Freizeitbeschäftigung.

Schon mit acht Jahren gab es für mich auch im Stall sowie vor allem im Frühling, Sommer und Herbst auf dem Land oder im Gemüsegarten immer etwas zu tun. Im Spätherbst durfte ich manchmal mit in den Wald zum Bäume fällen und Reiswellen (Bürdeli) binden. Da war ich gern dabei, weil wir von zusammengetragenen Ästen ein Feuer für das Essen und um sich aufzuwärmen entfachten. Das war immer sehr romantisch und trotz der Kälte auch gemütlich. Es wurden über dem Feuer oder in der Glut Käse, Speck am Stäckli und in Silberpapier eingewickelte Kartoffeln gebraten.

Der Sommer war immer eine sehr strenge Zeit. Alle mussten um drei Uhr morgens aufstehen und mit den Arbeitsgeräten Sense, Gabeln etc. zu Fuss zum eine Stunde entfernten Feld marschieren, um das Gras zu mähen und zu verteilen. Zum Znüni gab es Speck, Käse, Most und Tee. Käse durfte nur gekauft werden für die strengste Zeit, sonst wäre das teurer Luxus gewesen. Den Käse durfte ich jeweils direkt in der Dorfkäserei besorgen. Dann gab es ein

Gratisschnäfeli. Das war für mich jedes Mal ein Schmaus! Käse, Butter, Obst und Gemüse waren früher viel schmackhafter als die heute industriell verarbeiteten Lebensmittel.

Anbau, Pflege und Ernte waren mit den urtümlichen Geräten sehr mühsam. Die Mutter war um ihr heroisches Arbeitspensum wahrlich nicht zu beneiden. Jeden Tag musste sie um fünf Uhr aufstehen, mit Holz Feuer machen, kochen, putzen, waschen, Kleider flicken, also für fünf Personen den Haushalt besorgen. Sie musste von Hand auf dem Waschbrett in einem Holzzuber waschen und noch bis spät abends nähen, flicken oder stricken. Ausserhalb des Hauses besorgte sie den Gemüsegarten und half sonst überall mit. Erholung gab es nur für drei Stunden am Sonntag vor dem Haus auf dem Bänkli, oder man sass in der Stube und las das *Gelbe Heftli*.

Nach dem Waschen half ich der Mutter beim Aufhängen und Abnehmen der Wäsche. Gebadet wurde in einem grossen Holzzuber oder im Brunnentrog.

In der Schule kam ich trotz wenig Zeit für die Aufgaben recht gut voran. Über gute Noten freuten sich die Pflegeeltern immer. So konnte ich mir gelegentlich etwas Freiheit erwirken, um mit andern Buben für zwei bis drei Stunden pro Woche irgendwo zu spielen. Das war meistens Fussball oder „Indianerlis" im nahen Wald. Beim letzteren hatte ich im Kampf ein wichtiges Wort mitzureden, weil mir im Winter ein Sohn meiner Pflegeeltern eine imposante Kanone aus einem alten Ofenrohr auf einer Holzlafette gebastelt hatte. Im Rohr war eine Spiralfeder, die man auf einfache Art spannen und mit der man leichte Gegenstände bis fünfzehn Meter weit schiessen konnte. Da war ich immer der General, weil es die stärkste Waffe in unserer Armee war.

Ausserdem wäre im Zeitraum zwischen sechs- und sechzehn Jahren noch einiges zu erwähnen. Nehmen wir das Ekligste: Um die Wiesen zu düngen, wurde die Jauche mit einem Güllenwagen und vorgespannter Kuh ausgeführt. Das Güllenfass hatte hinten einen Schieber zum Öffnen und Schliessen. Ein Sohn meiner Pflegeeltern führte die Kuh. Ich musste auf Zuruf den Schieber mit der rechten Hand von der linken Seite her fassen und nach unten ziehen, aber gleichzeitig zurückspringen, weil die Gülle in einem breiten Strahl auf die Wiese schoss. Einmal war ich zu spät und wurde von der stinkigen Brühe abgeduscht.

18-3 Unfall Kopfverletzung, Mystik, Waffen, Steinschleuder

An einem Spätherbsttag, als die Kirschbäume geschnitten wurden, stand ich trotz Vorwarnung unter dem Baum. Ein abgesägter herunterfallender Ast hatte mich fast erschlagen. Ich hatte ein Loch im Kopf.

Jährlich zwei bis drei Mal kam ein Zauberkünstler oder Hypnotiseur in unsere Gegend, manchmal direkt ins Dorf. Das hat mich immer speziell fasziniert und beeindruckt. Für wenig Geld konnte man in einem nicht allzu weit entfernten Buchladen diesbezügliche Literatur kaufen. Wenn ich fleissig gearbeitet hatte und folgsam war, durfte ich zwei bis drei Mal jährlich jeweils am Samstag mit dem Fahrrad hinfahren und mir etwas zum Lesen kaufen.

In meiner Pflegefamilie waren alles Patrioten. Die drei Söhne dienten in der Armee bei der Artillerie, der Infanterie und der Luftwaffe. Es wurde immer betont, ein richtiger Schweizer mache Militärdienst und verteidige seine Heimat in der Not. Auch mir wurde beigebracht, dass ich mich auf diese Zeit vorbereiten müsse, und das tat ich natürlich gern. Ich hatte Gefallen an den Uniformen und wollte auch immer die Waffen in die Hände nehmen, wenn einer der Söhne einrücken musste.

Mit sechs Jahren bekam ich zu Weihnachten eine Luftpistole mit einem Korkzapfen an einer Schnur als Geschoss und ein Jahr später ein Luftgewehr mit Steckbolzen zum Scheibenschiessen. Eine Armbrust mit Pfeilen hat mir einer der Söhne als Winterbeschäftigung gebastelt. Astgabeln mit Gummizug als Steinschleuder waren verpönt oder verboten, weil ein Bub am Kopf getroffen worden war und ein Auge verloren hatte.

Nach gründlicher Einführung durfte ich im zehnten Lebensjahr schon mit den hauseigenen Sechsmillimeterwaffen und scharfer Munition auf Scheiben schiessen. Ich traf immer gut, und wenn mir Vater zuschaute, hatte er seine helle Freude. Bald ging es auch auf Spatzenjagd. Damit ich unter Kontrolle war, durfte ich anfänglich nur frei auf Spatzen und Krähen schiessen, wenn jemand bei mir war. Von drei bis vier Schüssen gab es einen Volltreffer, und der Vogel fiel vom Himmel. Da sagte Vater oft: „dä cheibe Bueb, wie de guet trifft." Die Gewehre waren damals noch nicht so präzis wie heute, aber ich hatte ein gutes Auge und eine ruhige Hand. Das alles sah die Mutter gar nicht gern, schimpfte manchmal wie ein Rohrspatz, weil sie berechtigte Angst hatte, es könne etwas passieren. Aber sie konnte nichts verhindern, was Vater erlaubte. Damals sagten die Männer noch, wo es lang ging. Mit sechzehn Jahren durfte ich schon in den Schiessstand und später auch die Jungschützenkurse besuchen. Ich habe einige Kränze geschossen und dafür immer grosses Lob geerntet.

Mit zwölf Jahren bekam ich ein Fahrrad. Das erleichterte auch die Botengänge, da die Bauernfamilie neben der Landwirtschaft noch ein kleines Gewerbegeschäft betrieb. Vorher musste ich alles zu Fuss mit dem Leiterwägeli erledigen. Da war auch eine Verwandte, die ich jährlich zwei Mal besuchte. Im Parterre dieses Hauses befand sich ein Waffengeschäft. Für mich war es das reinste Eldorado, in den vielen Schubladen nach Pistolen und Revolvern zu kramen. Der Besitzer war ein alter freundlicher Mann. Er hatte nicht viel Kundschaft und liess mich gewähren. Ich brachte jedes Mal für zwei bis drei Franken etwas nach Hause, das manchmal nicht einmal funktionierte. Allein das Mechanisch-Technische hat mich gereizt.

In der Stube stand ein grosser doppelstöckiger Kachelofen, mit dem zwei Zimmer geheizt und von der Küche aus Brot, Guetzli, und Wähen gebacken wurden. Auch wurden im und auf dem Ofen Früchte gedörrt. Ich konnte bequem darauf sitzen und mit dem Ankefässli die beliebte Butter fabrizieren. Ich musste diese Arbeit of tun, tat sie aber ungern, weil dies eine langweilige etwa zwanzigminütige Dreherei mit der Handkurbel war, bis sich die Milch zur goldgelben Ankeballe festigte. Das Herausnehmen aus dem Fässli war ein schöner Anblick. Die Butter musste jeweils sofort zu irgend einem Kunden gebracht werden, welcher sich immer darauf freute.

Da war als Kunde auch ein Oberrichter, den ich beliefern musste. Die Mutter ermahnte mich dann immer: „Du sagst schön Grüezi, Herr Oberrichter." Ich erwiderte jeweils: „Das weiss er doch schon lange selber, dass er Oberrichter ist, es genügt doch eine Namensbegrüssung. Wir sagen auch nicht Grüezi Frau Scherenschleifer oder Herr Bauhandlanger." Meine blöden Bemerkungen setzten dann eine Belehrung ab. Man müsse die Studierten, hohen und wichtigen Leute mit ihrem Berufsnahmen ehren. Es war damals Mode, gewisse Gewerbetreibende nach der Berufs- oder Geschäftsbezeichnung zu begrüssen, wovon auch reger Gebrauch gemacht wurde.

Der Winter war jedes Mal eine schöne Zeit mit viel Schnee, der auch fast immer pünktlich eintraf. Ich fütterte gern die hungrigen Vögel, welche an die mit Frostblumen geschmückten Fenster pickten. Als Skiersatz bekam ich ein paar Fasstuben. Das sind Bretter von einem alten Mostfass. In der Mitte war ein Lederriemen über die Schuhe befestigt und an den Spitzen eine Schnur zum Lenken. Das war alles. Es war mühsam, diesen Luxus zu beherrschen, weshalb ich meistens im tiefen Schnee lag.Der Davoserschlitten sowie die Schlittschuhe waren da schon etwas komfortabler. Sie machten zwar mit den scharfen Zacken die Schuhabsätze kaputt. Das war ein kostspieliger Nachteil. Am beliebtesten war das Schlitteln auf den Waldstrassen. An Abenden und Wochenenden sausten auch Erwachsene auf der Naturpiste hinunter.

Im Sommer musste das Wetter immer eingeschätzt werden. Die Prognosen stimmten vielfach nicht. Oft kam es vor, dass plötzlich schwarze Wolken aufzogen und die Bauern aufs Feld rannten. Aber es gelang ihnen selten, das fast trockene Gras in kurzer Zeit aufzuschichten, bevor der Regen niederprasselte. Manchmal blieben die Schöchen einige Tage stehen bis es wieder schön wurde und alles von neuem verzettelt werden musste. Das gab erhebliche Mehrarbeit in den oft knappen Schönwetterperioden, in denen alles Heu und Emd eingebracht werden musste.

18-4 Allergie, Kellerangst

Da ich allergisch gegen Heustaub war, erstickte ich einmal fast beim Heu abladen auf die Heubühne in der Scheune, wo der Heustock entstand. Ich wurde dann von dieser Arbeit dispensiert. Dasselbe Problem hatte ich nach der Getreideernte. Wenn in der gleichen Scheune das Stroh mit Handflegeln gedroschen wurde gab es ebenfalls viel Staub, aber noch mehr bei der Weiterverarbeitung mit der handbetriebenen Dreschmaschine. Das Korn wurde dann in Säcken in der Mühle abgeliefert. Ein Teil des Mehls wurde wieder nach Hause genommen, um das eigene Brot zu backen.

Wir waren fast zu hundert Prozent Selbstversorger, weshalb auch die Arbeiten sehr vielfältig waren. Der Baumbestand war vielgestaltig. Es gab Äpfel-, Birnen-, Zwetschgen-, Quitten- und Kirschbäume. Dazu kamen Trauben und andere Beerensträucher wie Holunder, Brombeeren, Himbeeren, Johannisbeeren, Erdbeeren usw. Über Rüben, Räben, Bohnen, Karotten, Kartoffeln, Kohl etc. war alles vorhanden. Je mehr Produkte, desto vielfältiger die Arbeit und das Essen. Es musste alles von Hand gepflanzt, gepflegt und geerntet werden. Die Bedienung der einfachen Werkzeuge war auch viel beschwerlicher im Vergleich zu heute. Im Herbst wurde der Most aus dem unverkauften, weniger schönen Obst mit der hauseigenen Handpresse gemacht. Der Trester musste anschliessend mit anderen Abfällen in der handbetriebenen Häckselmaschine zu Tierfutter verarbeitet oder zu Schnaps gebrannt werden.

Damals gab es noch keine Kühlschränke für verderbliche Lebensmittel. Wir hatten einen Naturkeller tief im Boden, zu dem man über eine lange steile Treppe mit einem schummrigen Licht gelangte. Dieser Raum war kompakte Erde, der auch im Hochsommer immer schön kühl war. Das Lagergut hielt sich besser als in einem Kühlschrank. Die Äpfel konnte man das ganze Jahr hindurch essen. Für mich gab es aber ein Problem mit dem an sich nützlichen Keller. Wenn Vater morgens vor dem Znüni oder nachmittags vor dem Zvieri sagte: „Bueb, gang go Moscht hole", war das für mich der blanke Horror, weil ich fürchterliche Angst hatte, in dieses dunkle Loch hinunter zu steigen. Ich dachte an böse Geister und den Bölimann, der die unfolgsamen Kinder holt. Man wollte mich auch einmal im Keller einsperren, aber ich hatte so laut geschrieen, dass man mich wieder heraus holte. Wenn ich mit einem Krug Most holen musste, habe ich schon auf der Kellertreppe etwas geredet oder gesungen, um die Angst zu vertreiben. Einmal habe ich den vollen Krug auf der Kellertreppe fallen gelassen, weil ich so pressiert habe beim Hinaufsteigen. Ein anderes Mal habe ich vor lauter Eile vergessen, den

Hahn zuzudrehen. Da ist viel Most ausgelaufen. Oben in der Küche kam es mir in den Sinn, und Vater rannte hinunter, um abzustellen. Mit der Zeit ist dann die Angst verflogen, und ich habe mich mit dem Keller angefreundet.

In meiner Jugendzeit versuchte man noch vielerorts zu verheimlichen, warum es zweierlei Leute gibt (der Storch hat das Kindlein ja gebracht). Über Sex zu sprechen war Tabu, ja fast verboten, unanständig sowieso, und aufgeklärt wurde nicht. Vieles habe ich von anderen Buben in der Schule oder in den wenigen Freizeitstunden erfahren. Es gab natürlich zu allen Zeiten auch Kinder aus andern Milieus, die schon alles wussten und sich auch dementsprechend verhielten. Um zu verhindern, dass sich Knaben und Mädchen zu nahe kamen, gab es den Ausdruck *„Meitlischmöcker"*, und der wirkte fast immer, weil das beschämend war und keiner es sein wollte. In welchem Alter ich meinen ersten Orgasmus im Bett hatte und wie es passiert war, erinnere ich mich nicht mehr so genau. Aber ich weiss noch, dass ich mich schämte und furchtbar Angst hatte, Mutter würde mich nach dem Anblick der verschmutzten frisch gewaschenen Leintücher verprügeln und zurechtweisen. Es geschah jedoch wohlweislich nichts. Deshalb musste sie mich auch nicht aufklären.

Liebesabenteuer und Mädchenfreundschaften waren in den nachfolgenden Jahren nicht möglich, weil ich dazu gar keine Zeit hatte. Arbeiten auf dem Hof sowie Schulaufgaben gingen immer vor. Von den Gesangsstunden wurde ich jeweils ausgeschlossen, weil ich kein Musikgehör hatte. Dafür durfte ich allein in einer Ecke zeichnen was mir einfiel. Meistens hatte ich schöne Mädchen, die mir gefielen, im Visier oder ich versuchte, ein technisches Gerät aufs Papier zu zaubern.

18-5 Sonntagsschule, Glaube, Schräubchen verloren

Meine geistige Grundnahrung war die Sonntagsschule. Die Lehrerin oder der Lehrer hatten die Begabung, biblische Geschichten beeindruckend zu erzählen. Manches schien mir schon damals fast zu schön, um wahr zu sein, wenn ich es mit meinem mühsamen Jugendalltag verglich. Aber ich glaubte vieles, weil ich dachte, diese frommen Lehrer belügen doch die Kinder nicht. Wir lernten, dass die Gebete erhört werden und der liebe Gott hilft, wenn wir Sorgen haben. Das Beten lernte ich schon von der Mutter. Die Lehrerin betonte aber immer, wir müssen alle Tage beten und Gott danken für das Leben und die Gesundheit, die uns jeden Tag neu geschenkt wird. Ich war schon als Kind kritisch eingestellt und glaubte nicht alles, was erzählt wurde. Eines Tages bekam ich aber Gelegenheit, Gott in kindlicher Not zu prüfen.

Ich war neun Jahre alt, als ich eines Tages im Estrich eine wunderschöne alte, defekte Wanduhr entdeckte, die ich behalten durfte. Damit diese wieder lief, musste ein ganz kleines Schräubchen beschafft werden. In der Uhr befanden sich noch andere Schraubteile gleicher Grösse. Ich entfernte ein solches als Muster, ging damit zu einem befreundeten Nachbar, der in seiner mechanischen Werkstatt ein

Sortiment alter und neuer Schrauben aller Grössen besass. Ich war überglücklich, als er per Zufall noch ein einziges passendes fand. Zwischen beiden Häusern war nur unsere etwa hundert Meter breite Wiese, auf welcher das Gras schon hoch gewachsen war. Als Abkürzung rannte ich über diese Wiese mit den beiden Schräubchen in der Hand, die so klein waren wie der Kopf einer Stecknadel. In der Mitte der Wiese fielen sie mir aus der Hand ins hohe Gras. Es war also unmöglich, sie wieder zu finden.

Voller Verzweiflung rannte ich nach Hause direkt in mein Zimmer, kniete vor dem Bett nieder und betete inbrünstig, Gott möge mir jetzt beweisen, dass es ihn gibt und mir helfen, die verlorenen Schräubchen zu finden. Ich stand auf, rannte auf die Wiese zurück, direkt an den Ort, wo sie lagen. Ein Lichtstrahl hat mich dorthin geführte. Ich konnte mich nur bücken und die Schräubchen aus dem Gras nehmen. So arbeitet Gott, wenn er will. Aber er will nicht immer, weil wir es meistens auch gar nicht verdienen. Im Kindesalter, wenn das Kind schon an ihn glaubt, drückt er oft ein Auge zu, da der Sprössling noch am Anfang des Lebens steht. Man kann Gott nicht nur in der Not benutzen und zwischendurch nie an ihn denken oder ihn gar verleugnen.

18-6 Flussbaden, Spital-Mitpatient, Lehrstelle

Im neunten Jahr hatte ich die erste Wassertaufe im Wehr eines Flusses ca. zwei Kilometer vom Dorf entfernt. Während der heissen Sommerzeit durfte ich nach erledigter Arbeit manchmal für zwei Stunden zum Baden gehen. Einmal hat mich ein ganz Schlauer ins etwa drei Meter tiefe Wasser des Wehrs gestossen. Ich konnte noch nicht schwimmen. Es hat mich ein anwesender Erwachsener herausgeholt. Da ich den Schreck gut verkraften konnte, war dies vermutlich der Anfang meines späteren Tauchsportvergnügens.

Zur Entfernung des Blinddarms musste ich als Vierzehnjähriger das Spital aufsuchen. Dies bereitete mir kein Problem, jedoch wartete eine amüsante Überraschung auf mich. Wir waren zwei Patienten, die sich zur selben Zeit für die Eintrittsuntersuchung ins gleiche Zimmer begeben mussten. Die Schwester sagte: „Zieht euch beide bis auf die Unterhosen aus." Ich war schon fertig, aber der andere, Zwanzigjährige, zögerte noch. Die Schwester forderte ihn energisch auf, endlich anzufangen, da sie keine Zeit habe, lange zu warten. Bald wurde es klar. Ich musste das Lachen verklemmen. Im Adamskostüm stand da ein Schwarzer bzw. Weisser, der sich zwanzig Jahre nicht gewaschen hatte. Die Füsse waren am schmutzigsten. Die Schwester sagte zu ihm nur: „Sofort ab ins Bad! Sie müssen wir zuerst aufweichen."

Eine wichtige Entscheidung stand bevor. Ich war bald sechzehn, und da stellte sich die Frage der künftigen Selbständigkeit mittels eines Berufs oder einer Hilfsarbeiterbeschäftigung. Die Absicht bestand, mir eine Arbeit in der nahegelegenen Fabrik zu besorgen. Das passte mir gar nicht, weil ich diese Region so oder so möglichst bald verlassen wollte. Der Vormund schickte mich zu einem Berufsberater, der mir eine Lehre als Flachmaler empfahl. Aber dieser Beruf schien mir viel zu langweilig. So musste ich mir selber helfen. Die Lehrstellen waren damals rar und für meine Herkunft ohne Unterstützung aussichtslos.

In meiner Not dachte ich an den reichen Fabrikbesitzer, dem ich ja schon jahrelang Lebensmittel persönlich in die Villa brachte. Eines Tages fasste ich Mut und läutete mit leeren Händen an seiner Haustür. Die freundliche Ehefrau öffnete mir persönlich und sagte sofort: „Grüezi Erich, was hast du auf dem Herzen?" Ich bat unter Tränen, ob ich mit dem Herrn Direktor etwas bereden dürfte. „Ja, natürlich", sagte sie, „komm nur herein und warte in der Bibliothek." Nach Zehn Minuten kam der Herr des Hauses, und ich schilderte ihm meine Sorgen und Wünsche. Er sagte, dass seines Wissens alle Lehrstellen besetzt seien, aber er sehe noch eine Möglichkeit und werde sich für mich einsetzen. Ich solle in zwei Tagen am Abend wieder vorbei kommen. Ich habe gebetet und glaubte fest an das kleine Wunder und wurde nicht enttäuscht. Ich durfte bald darauf eine Lehrstelle als Maschinenzeichner antreten. Meine Pflegeeltern waren anfänglich etwas ungehalten, weil ich mir - ohne ihnen etwas zu sagen - erlaubt hatte, diese hochgestellten Leute privat zu stören.

Die folgenden vier Lehrjahre waren eine harte arbeitsintensive Zeit. Damals wurde noch am Samstag gearbeitet. Ich verbrachte fünf Tage pro Woche im technischen Büro an einem Zeichentisch. Einen Tag pro Woche besuchte ich die Berufsschule, die ca. eine Fahrrad-Stunde weit entfernt war. Ich trat regelmässig in die Pedalen und erreichte so die Schule. Im Lehrbetrieb erhielt ich einen Stundenlohn von fünfundzwanzig Rappen im ersten Lehrjahr und in jedem weiteren der vier Lehrjahre fünf Rappen mehr. Die Arbeitszeit war von acht bis zwölf und dreizehn bis achtzehn Uhr, neun Stunden täglich. Das ergab fürs erste Jahr zwei Franken fünfundzwanzig pro Arbeitstag und elf Franken fünfundzwanzig für fünf Tage pro Woche. davon durfte ich sechs Franken behalten. Der Rest war ein Teil für das Kostgeld. Der fehlende Betrag zahlte die Gemeinde der Pflegefamilie. So lief das Geschäft in meiner Jünglingszeit. Aber ich war zufrieden und dankbar, dass ich etwas lernen durfte.

Im Konstruktionsbüro waren damals vier Techniker und ein Ingenieur beschäftigt. Ich ging periodisch und abwechslungsweise bei jedem vorbei, um interessiert zu beobachten, welche Arbeit sie auf dem Reissbrett hatten. Ich durfte die Herren aber nie zu lang mit Fragen aufhalten, weil jede Entwicklung eine möglichst störungsfreie Konzentration erforderte, um die bestmögliche Lösung zu finden. Die Konstrukteure fühlten sich oft schon etwas belästigt, aber sie wussten ja, dass ich etwas lernen wollte und musste, um am Ende die Prüfung zu bestehen. Besser wurde es, als ich bei allen abwechslungsweise einfachere Zeichnungen für ihre Probleme selbständig erledigen konnte.

Ich durfte auch zeitlich beschränkt die diversen Produktionsabteilungen besuchen, damit ich mir ein Bild über den Fertigungsablauf der verschiedenen Produkte machen konnte. Ich hielt mich aber sehr oft in den Werkstatträumen auf, um mit den Arbeitern, welche eine bestimmte Maschine bedienten, den Fertigungsablauf zu diskutieren. So lernte ich am meisten. Man hat das aber nicht gern gesehen, weil die Arbeiter vorwiegend unter Akkorddruck standen und die Angst bestand, dass die Rentabilität leiden könnte. Es herrschten strenge Sitten. Auch die Lehrlinge waren nicht nur zum Lernen da. Sie mussten dem Betrieb einen minimalen Nutzen erbringen. Von den vier Lehrjahren war ein halbes Jahr nur Werkstattpraxis, um die Funktionen der wichtigsten Maschinen sowie onen der wichtigsten Maschinen sowie die Arbeitsabläufe zur kompletten Herstellung eines Produkts kennen zu lernen.

18-7 Lungenriss, Loch im Rücken, Nasenbruch

Eine speziell gute Kondition hatte ich nie. Durch die Bewältigung der vielen Aufgaben und Probleme wurde diese noch geschwächt. In einer struben Wetterlage im ersten Lehrjahr erkrankte ich. Ich wollte aber möglichst lang nicht aufgeben, um keine Theoriestunde zu versäumen. Schon einige Tage hatte ich Hustenanfälle. Eines Morgens auf dem Arbeitsweg mit dem Velo, ergoss sich ein Blutstrahl aus dem Mund. Ich fuhr direkt zum nahegelegenen Arzt. Dieser machte mir Spritzen, spedierte mich nach Hause und verordnete vierzehn Tage absolute Bettruhe. Ich hatte einen Lungenriss.

Ein weiterer Unfall passierte beim Bedienen eines speziellen Längsbohrgeräts. Die rotierende Spindel erfasste meine Arbeitsbluse und zog mich vor den Bohrer. Ein Nachbar eilte herbei und stellte die Maschine ab. Ich wurde mit einem Loch im Rücken ins Sanitätszimmer getragen. Das nächste Unglück hätte noch schlimmer enden können. In der Schmiedeabteilung, beim Versuch auf dem Amboss ein glühendes Stück Eisen zu schmieden, hatte ich mit dem Gesicht zu wenig Distanz. Beim Doppelschlag ist mir der schwere Hammer vom abfedernden Amboss direkt ins Gesicht geprallt. Ich sank bewusstlos zu Boden und erwachte erst bei den Ärzten wieder. Die Nase ist heute noch vom Bruch gezeichnet, die rechte Nasenöffnung fast geschlossen. Man konnte es damals chirurgisch nicht besser richten.

18-8 *Pilotenprüfung, Flugzeugbau, Vollrausch, Flugzeug im Gewitter, Flugzeugabsturz*

Die Prüfungen zum Piloten wurden in Bern-Belpmoos oder Biel abgenommen. Einmal war ich vor Freude über den erfolgreichen Abschluss so betrunken, dass am nächsten Morgen die Heimreise nicht möglich war. Ich wurde mit einem ausgelehnten Schubkarren von der letzten Wirtschaft in das Nachtlager des Flugplatzhangars befördert, wo wir versuchten, zu schlafen. Mir war am Morgen so übel, dass mich die Frau eines nahegelegenen Bauernhauses pflegen musste. Dort durfte ich noch eine weitere Nacht verbringen. Ich hatte vorher nie Alkohol getrunken und nachher jahrelang nie mehr. Das Geld hatte ich gespart. Die Serviertöchter hätten über die fidelen Jungpiloten auch noch etwas zu erzählen.

Für die Erholung in der strengen Ausbildungsperiode blieb mir nicht viel Zeit. An zwei Samstagen pro Monat hatte ich mit Kollegen Kurse für Modell- und Segelflugzeugbau besucht. Die Tätigkeits-Orte befanden sich nicht gerade vor der Haustür. So ging noch relativ viel Zeit für die Hin- und Rückfahrt mit dem Fahrrad verloren. Wir sechs Lehrlinge hatten in einem Werkstattlokal der Flugschule ein Anfängerschulflugzeug, einen sogenannten Hängegleiter, von Grund auf selber gebaut. Die Pläne wurden uns zur Verfügung gestellt.

Nach der Pilotengrundausbildung durften wir jeweils eine Maschine als Sonntagsvergnügen benutzen. Das Flugzeug wurde demontiert und auf einem speziellen Zweiradwagen befestigt. Dieser wurde für den Velotransport eingerichtet. Wir waren meistens fünf bis sechs Kollegen. Wenn es bergauf ging mussten wir den Transporter von Hand stossen oder ziehen. Die Fahrräder mussten wir ein Stück am Wegrand zurück lassen und dann wieder holen. Es war mühsam, bis wir auf dem Berg bzw. auf dem Hügel am Startplatz ankamen. Aber wir Idealisten nahmen dies gern in Kauf. Am Startplatz wurde das Flugzeug mit der Kufe auf eine Holzschiene mit Rückhaltevorrichtung gesetzt. Ein Mann hielt das Flugzeug am Flügel im Gleichgewicht. Der Pilot stieg ein, und das Gummiseil wurde für den Katapultstart gespannt. Beim Ausklinken entspannte sich das Seil, und der Segler wurde geradeaus in die Luft befördert. Bei guten Windverhältnissen und mit etwas Geschick konnte die Maschine mit geflogener Schleife wieder an den Startplatz gesteuert werden. Andernfalls musste es auf einem nicht zu entfernten Landeplatz - so hoffte man - wieder abgeholt werden. Bisweilen konnten an einem Sonntag nur zwei bis drei Piloten fliegen, weil die Maschine am Abend wieder in den Hangar zurück gebracht werden musste.

Bei einem anderen Trainingsflug geriet ich plötzlich in aufkommende dunkle Gewitterwolken, verlor die Orientierung und konnte das Flugzeug nicht mehr steuern. Aber mein unsichtbarer Begleiter hat mich aus dem gefährlichen Gewitter herausgeholt und heil auf den Boden gebracht. Damals war man für solche Fälle noch nicht für den Blindflug ausgerüstet. Ein anderes Mal waren nach dem Start mit der Seilwinde die Windverhältnisse ungünstig. Einmal, nach etwas wiedergewonnener Höhe, sackte ich plötzlich ab, konnte die Maschine nicht mehr auffangen und stürzte ab. Das Flugzeug war irreparabel, und ich kam mit dem Schrecken davon. Das war wiederum ein Beweis für unsere unsichtbaren Helfer, wenn sie akzeptiert werden.

18-9 Rekrutenaushebung, Lehrabschluss, Rekrutenschule

Als bereits bewährter Schütze habe ich auch die militärischen Vorunterrichts- und Jungschützenkurse besucht. An bestimmten Sonntagen durfte ich auch mit den alten Kriegern zum Training in den Schiessstand sowie an das jährliche Schützenfest, wo mit Armee- und Kleinkaliberwaffen geschossen wurde. Zur Freude aller hatte ich mehrere Auszeichnungen und Kränze heimgebracht.

Die strenge Berufsausbildungszeit neigte sich dem Ende zu, und die militärische Aushebung (Stäcklimusterig) für die Zuteilung zu einer bestimmten Truppengattung stand bevor. Nicht immer wurden die Wünsche erfüllt. Kondition, Gesundheit und Vorbildung spielten die entscheidende Rolle. Ich wollte zur Fliegertruppe und habe dafür alles getan, was mir möglich war. Auf dem Schulhausplatz standen wir fünfzehn Anwärter in Einerkolonne vor den Prüfungsexperten, einem Turnlehrer, einem Arzt und einem Aushebungsoffizier. Nach einigen Übungen und dem Schnelllauf ging es zum Arzt, dann kam die mit Spannung erwartete Zuteilungsentscheidung. Da war wichtig, wie viel Leute eine Truppengattung brauchte. Bei meiner war das Kontingent am kleinsten und immer eine Zitterpartie. Jede Stelle signierte das Protokollpapier, und am

Schluss mussten wir zum Aushebungsoffizier, der hinter einem Tisch sass und Fragen stellte, warum man in die gewünschte Truppengattung möchte. Die Infanterie brauchte am meisten Leute, da konnte jeder hin. Die Flieger benötigten am wenigsten. Bei mir gab es noch eine Diskussion. Nach Anhörung und Begutachtung meiner diversen Ausweise knallte der Aushebungsoffizier den Stempel ins Büchlein: Fliegertruppe. Ich war erlöst, und nach einer kleinen Feier in der Dorfbeiz ging ich stolz nach Hause, wo man mich nochmals beglückwünschte.

Die Lehrabschlussprüfung habe ich mit zwanzig Jahren in einem Grossbetrieb für Maschinenbau absolviert. Dann ging es sofort in die siebzehnwöchige Rekrutenschule nach Payerne, anschliessend zwei mal sechs Wochen zum Aktivdienst auf den Flugplätzen Alpnachstaad und Payerne. Es war die Endphase des Zweiten Weltkrieges. Unsere Jagdflieger hatten mehrere US-Bomber (sog. fliegende Festungen) abgeschossen oder zur Landung gezwungen.

18-10 Die Kampfbahn

Zum Abschluss der Rekrutenschule (RS) musste noch als Krönung und Dessert die harte Kampfbahn besiegt werden. Mit Sack, Pack, Karabiner und Handgranate ging es an den Start. Geprüft wurden Schnelligkeit, Treffsicherheit und Ausdauer. Die ganze Hindernisstrecke musste im Schnellzugstempo überwunden werden. Nachher musste man sich noch in möglichst guter Verfassung beim Ranghöchsten der kritisch zuschauenden Offiziere zurück melden. Das war nicht einfach. Es war kein geringerer als der Welsche, damals gefürchtete Exfremdenlegionär, Oberst Maccron.

Die sehr strenge RS hatte mich aufgebaut. Ich war in extrem guter Verfassung. Auf Kommando zischte die ganze Horde los. Ein längerer Sprint führte mich schon an die Spitze, dann ein Sprung über den Wassergraben, ein kurzer Sprint, das Durchwaten eines Wassersumpfs (den Krokodilen ausweichen), ein kurzer Sprint, dann über die Kletterwand, ein kurzer Sprint mit Bauchlandung, mit dem Karabiner zwei Schüsse auf eine Mannsattrappe feuern, ein kurzer Sprint und der Sprung in ein Loch, das Entsichern der Handgranate, um sie ins markierte Ziel zu werfen. Alles ist mir gelungen.

Ich rannte als erster ziemlich erschöpft, aber noch aufrecht stehend vor den Oberst. Dieser übersah die Achtungsstellung, klopfte mir wie ein alter Freund auf die Schulter und sagte: „Du gut gemacht" und zum Kompanie-Kommandanten: „Dieser Mann muss Offizier werden." Ich meldete mich korrekt ab, war mir jedoch schon lang im Klaren, dass ich das nicht wollte. Mein Ziel war Pilot. Dazu war damals der Offiziersgrad unerlässlich. Ich hatte aber die Filz- und Vetternwirtschaft auch im Militär so hautnah erlebt, dass es für mich bei meiner Herkunft unmöglich war, dieses Ziel zu erreichen. Da nützte auch die ganze Vorbildung nichts. Wir hatten in der RS zwei Pilotenanwärter. Es eigneten sich beide nicht dazu. Sie hatten aber die erforderlichen Beziehungen. Nach der Ausbildung stürzten sie ab. Später verbesserte sich das Auswahlverfahren etwas.

18-11 Erste Arbeitsstelle in Genf, Weltjugendfestspiele in Prag

Nach Kriegsende kam auch die vorläufige Befreiung von den Militärpflichten. Es begann der Lebensabschnitt zur selbständigen Existenzbewältigung in der Fremde. Ich hatte die Vergangenheit satt, wollte so schnell als möglich weg und mich im Welschland neu orientieren. Es war sehr schwer, eine Stelle zu finden. Ich hatte aber die Hilfe Gottes in der Vergangenheit nicht vergessen. Durch Beten, Glauben und Vertrauen hat mich der Herr nie verlassen, auch wenn ich oft hart geprüft worden war und manchmal fast verzweifelte. Nach kurzer Stellensuche in der Zeitung habe ich mich auf das Inserat einer Genferfirma beworben. Nach vier Wochen kam der Bericht. Ich wurde von über hundert Bewerbern mit fünf anderen zu einer Prüfung eingeladen. Alle Spesen wurden vergütet. Nach weiteren drei Wochen erhielt ich den Bescheid, ich sei gewählt worden und könne die Stelle im Konstruktionsbüro sofort antreten. Mit einundzwanzig Jahren zog ich nach Genf und war drei Jahre in dieser Firma beschäftigt. Der Verdienst betrug dreihundertsechzig Franken pro Monat. Die Ausgaben für Kost und Logis in einer günstigen Pension beliefen sich auf zweihundertfünfzig Franken monatlich. So konnte ich noch etwas sparen und die Weiterbildung bezahlen.

Eindrücklich während dieser Zeit war auch der sechstägige Arbeiterlohnstreik. Die gesamte Geschäftsleitung durfte den Betrieb nicht verlassen. Sie musste intern schlafen und verpflegt werden. Nur die Angestellten konnten zur Arbeit. Wir mussten uns immer ausweisen. Dieser grosse Betrieb wurde täglich während vierundzwanzig Stunden von einer grossen Anzahl Arbeitern bewacht. Auf dem ganzen Areal rund um den Betrieb brannten nachts Mahnfeuer. Frauen brachten den Streikenden das Essen.

Statt dem Vergnügen nachzulaufen, ging ich in die technische Abendschule. Ein deutschschweizerischer Ingenieur empfahl mir auch, später noch als Volontär in den Werkstätten eines anderen Betriebs zu arbeiten, um mehr Praxis zu erlernen. Eine solche Stelle würde ich in der Deutschschweiz eher finden.

Der deutschschweizerische Ingenieur, dem ich zugeteilt wurde, war mein direkter Chef und ein Glücksfall. Er hatte den Ruf, die grösste technische Kapazität im ganzen Unternehmen zu sein. Seine genialen Ideen hatten viel zum Erfolg der Endprodukte beigetragen. Von ihm konnte ich für meine berufliche Zukunft mehr lernen als in jeder Schule. Ich musste seine Entwürfe vermassen und in fertige Werkstattpläne umsetzen. Auch fragte ich ihn immer, was im konkreten Fall das Wesentliche sei und weshalb andere mögliche Konstruktionsvarianten keine Vorteile bringen würden. Ich habe mir ja zu den vielfältigen Problemen auch immer eigene Überlegungen gemacht. Meine Fragen wurden jederzeit aus seiner Sicht sowie aufgrund seiner umfassenden Erfahrungen bereitwillig beantwortet.

Die perfekten Konstruktionen wurden von den Mechanikern und Werkzeugmachern immerzu gerühmt. Es gab auch nie Funktionsbeanstandungen im Vergleich mit den Arbeiten anderer Konstrukteure. Ein einwandfrei funktionierendes Werkzeug, ein Gerät oder eine Maschine zahlt sich auch für rationelles, störungsfreies Arbeiten beim Anwender aus. Die Leistungen meines Chefs waren bis in die Direktionsetagen bestens bekannt und seine Meinung auch in anderen Belangen sehr gefragt. Chef-Angebote lehnte er kategorisch ab. Er sagte zu mir, ein erfolgreiches Unternehmen brauche nicht nur Chefs, die viel diskutieren, Zettel unterschreiben und grosse Löhne kassieren, sondern vorwiegend Menschen, die etwas Konkretes bewirken. Ich möchte noch das anführen, was er mir bestätigte, nämlich, dass die Ausbildung zum erfolgreichen Konstrukteur am besten mit der Praxis beginnen sollte. Deshalb hat auch er zuerst eine Mechanikerlehre absolviert, dann die Matur gemacht und erst nachher in einer deutschen technischen Hochschule das Ingenieur-Studium abgeschlossen. Ihre Schulen waren damals dafür bekannt, mehr praktische Elemente und Experimente im Lehrplan zu integrieren als zum Beispiel die ETH.

In den Büros der Firma meiner ersten Anstellungszeit wurde viel geschlampt, und es herrschte allgemein eine ziemlich lockere Atmosphäre. Darunter hat die Zuverlässigkeit gelitten, besonders bei Angestellten, denen das allabendliche Vergnügen wichtiger war als das pflichtbewusste Arbeiten. Sie kamen dann am Morgen auch oft zu spät ins Büro oder blieben den ganzen Tag weg. An Ausreden fehlte es nie. Es wurden zum Teil auch viel zu komplizierte Konstruktionen erstellt, welche dann nach der Realisierung nicht richtig funktionierten und geändert werden mussten. Diese Zustände kosteten den Betrieb viel Geld, was bald Konsequenzen brachte.

Auch die Kontrollen funktionierten schlecht, und die Vetternwirtschaft blühte. Wichtige Positionen waren von unfähigen Leuten besetzt, welche die Anstellung nur über eine Beziehung bekamen. Der Chef der gesamten technischen Abteilung gehörte auch zu diesen Leistungshelden. Einmal vergass er, die Signalschrift „besetzt" bei der Bürotüre einzuschalten. Als ein Besucher nach kurzem Klopfen eintrat, wurde er schmusend mit seiner Sekretärin auf den Knien überrascht. Das war lukrative Arbeit.

Dass die geschilderten Zustände nicht so weiter gehen konnten, lag schon lang in der Luft. Unproduktives Arbeiten, viele Änderungen und andere Leerläufe steigerten sich jährlich und gingen in die Millionen. Mein Chef war ein bescheidener, sehr ruhiger und besonnener Mann, der sich nirgends von sich aus einmischte oder andere denunzierte, obwohl er die Missstände kannte und mir auch davon erzählte. Eines Tages war das Fass am Überlaufen. Am Nachmittag erhielt Herr von Arx die Meldung, sofort auf der Generaldirektion zu erscheinen. Mein Platz befand sich gleich neben dem seinigen, und wir ahnten das aufziehende Gewitter. Jetzt musste er im Interesse der Firma dem obersten Boss umfassende Auskunft geben, und das tat er auch. Eine Woche später wurden fünfunddreissig Personen aus diversen Abteilungen fristlos entlassen, darunter zwei von drei Direktoren, mehrere Chefs und Angestellte sowie zehn Konstrukteure. Sie erhielten eine kleine Abfindung. Herr von Arx hatte natürlich diese Leute nicht persönlich ausgesucht, da waren noch andere seriöse Betriebsangehörige am Werk, die über längere Zeit ihre Beobachtungen und Aufzeichnungen gemacht hatten. Jedenfalls hatte diese Therapie gewirkt, und das Klima besserte sich fast schlagartig.

Heute werden nur die Kleinen entlassen, die Schlitzohren und Totengräber bekommen noch mehr Lohn, Vergünstigungen oder Abfindungen in Millionenhöhe.

Gegen Ende meiner Genfer Arbeitszeit, lernte ich über Inserate den Organisator der Weltjugend-Festspiele in Prag kennen. Weil Reise und Aufenthalt äusserst preisgünstig waren, konnte ich mir das leisten. Ich nutzte die einmalige Gelegenheit, meldete mich für diese einmonatige Abwechslung an und bereute es nie. Der ganze Plan umfasste nicht nur den Besuch der Festspiele, sondern auch Aufenthalte in Russland. Es war ein Meisterstück sowjetischer Propaganda, bevor die osteuropäischen Staaten besetzt wurden. Vom Sportdepartement des Staatsapparates wurde auch fast alles bezahlt, und der Empfang war überall recht herzlich. Man wollte dem Westen zeigen, was man zu bieten hatte und wie eine volksfreundliche Zukunft aussehen könnte. Darum wurden vor allem junge, optimistische und unerfahrene Menschen angesprochen.

18-12 Volontär, zweite Arbeitsstelle in Zürich

Nach den Prager Ferien verreiste ich dann mit einem Kollegen in den Kanton Zürich. Seine Eltern hatten auf dem Land in der Nähe einer Elektronikfabrik ein Haus. In diesem Betrieb leistete ich dann ein Jahr lang Volontärarbeit. Mit nur vierzig Franken Wochenlohn konnte ich mir dies aber nur leisten, weil ich im Haus des Freundes essen und schlafen durfte. Nach dieser Ausbildung war ich fünfundzwanzig Jahre alt. Jetzt wollte ich wieder mehr verdienen und ging nach Zürich. Dort arbeitete ich ein Jahr lang in einem Unternehmen für Fliegerabwehrgeschütze. Diese interessante Tätigkeit brachte mir viele neue Erfahrungen.

Während meines gesamten Lebens hatten mich nur naturnahe Tätigkeiten angesprochen, welche ausser etwas Mut, Konzentration und Disziplin eine seriöse Durchführung erforderten. Diese führte dann auch zum Spass und zur Genugtuung nach einem erfolgreichen Ausgang. Gesellschaftliche Allgemeinvergnügen wie Feste und andere Lärmspektakel waren für mich kein Thema. Als Ausgleich zum beruflichen Stress suchte ich immer den Kontakt zur Natur, die Ruhe und innere Einkehr. Ein Wechselbad vielfältiger Erfahrungen prägten mein Leben und wiesen mir den Weg in die Zukunft.

18-13 Adventisten, Missionsschule

Im ersten Arbeitsjahr in Zürich kam ich mit einer religiösen Gemeinschaft, den Adventisten, in Kontakt. Die seriöse und vorbildliche Lebensführung beeindruckte mich tief. Nach Anhörung diverser Vorträge schloss ich mich dieser Vereinigung an. Die weltweiten Institutionen sollen nach Berichten und Erfahrungen auch von politischer Seite hervorragend geführt werden. Nach kurzer Einführungszeit nahm ich mir vor, die in meinem Fall entscheidenden Erfahrungen selber zu machen.

Die Adventisten betreiben unter anderen in Loma Linda, Kalifornien, eine weltberühmte Universität mit Spital und besten Referenzen. Auch viele Missionsstationen in Entwicklungsländern und Urwaldgebieten umfassen den vielseitigen Tätigkeitsbereich. Ihre religiöse Doktrin stimmt grösstenteils mit der Bibel überein. Aber ihre Prophetin hatte noch andere Visionen. Obwohl ich sehr kritisch eingestellt war, sah ich anfänglich in dieser Lehre nur Positives. Ich wollte Missionsarzt oder Missionar bei den Eingeborenen werden. Dazu war eine Vorbildung auf einer ihrer Schulen erforderlich. Ich wählte die der Schweiz nächstgelegene Schule in Frankreich. Dort waren Studenten aus vielen Ländern immatrikuliert. Fast alle mussten das Schulgeld in den dreimonatigen Ferien durch missionieren (Bücherverkauf) verdienen.

Für mich war die Schule günstig, weil sie in der Nähe von Genf stand. So konnte ich in der freien Zeit mit dem Tram nach Genf fahren und für Schulkosten und andere Ausgaben zusätzlich etwas verdienen. Das Essen war gut und sehr gesund. Aber das Geld war immer äusserst knapp und musste fast wie das Manna vom Himmel fallen, dass man Überleben konnte. Aber in der grössten Not verliess Gott mich nie, nach dem Motto: Immer wenn Du meinst, es geht nicht mehr, kommt von irgendwo ein Lichtlein her.

Die Studienfächer konnte man wählen, oder sie wurden je nach Ausbildungsziel zusammengestellt wie für eine Maturitätsprüfung. Das erste Jahr zahlte ich bar, das zweite durch Literaturverkauf und Nebenarbeiten in Genf. Das dritte Jahr war kritisch und ereignisvoll. Ich war nun siebenundzwanzig. Ein Schutzengel hatte mich stets begleitet und mir immer den Weg aus verfahrenen Situationen gezeigt. Ich hatte scheinbar falsche Entscheidungen getroffen, die ich später bereute. Aber heute ist mir klar, dass es mein Weg war, den ich gehen musste. Also machte ich mich im dritten Jahr mit einem dunkelbraunen Abschlussstudenten auf den dornenvollen Weg, um das Schulgeld mit Kolportieren zu verdienen. Das war meine grösste Schwäche und ohne Hilfe unmöglich. Ich bekam sie auch nicht, weil es nicht sein musste.

Wir zwei Studenten waren einen Monat zusammen, weil mein Kollege nur das Geld für die Rückreise auf seine Heimatinsel Martinique verdienen musste, und das schaffte er problemlos. Als frommer Mann ermahnte er mich täglich, das Beten nie zu vergessen. Jeder machte seine eigene Tour in einem Dorf oder einer Stadt. Am Abend trafen wir uns in der vorbestellten Pension. Wenn ich ein Buch verkaufte, brachte er es auf vier, und wenn es bei mir zwei waren, verkaufte er sechs. Es kam auch vor, dass ich gar nichts verkaufte. Wir beteten auch jeden Abend vor der Nachtruhe. Als er nach einem Monat weg ging, fühlte ich mich total verlassen und allein inmitten von Frankreich.

18-14 Hunde, Wanzen, Pflege im Hotel

In den schwersten Stunden wurde mir aber immer bewusst, dass ich nicht allein war. Ich sah niemanden, aber es war jemand da. Das war manchmal auch bitter nötig, wenn zum Beispiel Hunde auf mich gehetzt und mir Verwünschungen nachgerufen wurden. Aber kein Hund biss mich. Sie wurden alle gestoppt. Obwohl ich mich immer als deutschschweizer Student vorgestellt hatte, der die französische Sprache noch nicht gut beherrschte, gab es Franzosen, die noch viele Jahre nach Kriegsende einen grenzenlosen Hass auf alles Deutschsprachige hatten. Und dazu kam, dass ich keine katholischen Schriften verkaufte.

Zum Glück waren im Verkaufsprogramm nicht nur religiöse Bücher, sondern auch Gesundheitsheftli und dergleichen. Trotzdem lief das Geschäft immer schlechter, und im nächsten grösseren Dorf ging mir das Geld bis auf ein paar Francs Notreserve aus. Ich erkundigte mich nach einer günstigen Übernachtung. Das war das allermieseste „Toddi," wo mich die Wanzen fast bis auf die Knochen auffressen wollten. Ich ahnte schon Böses, als eine alte, ungepflegte Frau die Tür des verlotterten Hauses öffnete und mir das Zimmer mit Bett im Untergeschoss zeigte. Es blieb mir nichts anderes übrig, als mich zu entscheiden und mit dem letzten Geld im Voraus zu bezahlen.

Obwohl ich schon müde und hungrig war, probierte ich es noch zwei Stunden mit dem Verkauf. Erfolglos kehrte ich zurück und legte mich ins uralte Bett mit quietschender Matratze und gräulichen Tüchern. Die Wanzen hatten mich schon sehnlichst erwartet. Sie versteckten sich zu Hunderten unter den vielen Faserzotteln der Matratze und warteten auf den entscheidenden Moment für den Generalangriff. Dieser kam, als ich nach zehn Minuten schon fast eingeschlafen war. Plötzlich spürte ich am ganzen Körper ein Kribbeln und Beissen. Ich juckte auf, warf die Decke zurück, fing an, mich zu kratzen und suchte fieberhaft nach der Ursache, fand aber keine. Ich hatte auch keine Ahnung, dass es Wanzen waren. Dasselbe Spiel ereignete sich mehrmals und in grösseren Abständen, weil es jeweils etwas länger dauerte, bis ich einschlafen konnte, obwohl ich immer erschöpfter wurde. Da ich die Ursache nicht fand, griff ich ungefähr morgens um drei Uhr zu einer List. Ich deckte mich nicht mehr zu und blieb hellwach auf der Matratze liegen. Meine Reaktion wurde durch die zahlreichen Übungen auch immer schneller. Nach zehn Minuten spürte ich wieder das Kribbeln und Beissen. Ich wartete noch fünf Minuten bis sie scharenweise auf meinem Körper waren. Dann drehte ich mich blitzschnell um, schlug wie von Sinnen mit den Händen auf meinen Körper und die Matratze ein, juckte aus dem Bett und sah, dass alles blutverschmiert war, weil mein Blut aus den vollgesogenen Wanzenkörpern spritzte. In grenzenloser Wut demolierte ich das halbe Bett und zerstreute alles im Zimmer. Dann blieb ich noch bis zum Morgengrauen auf einem Stuhl sitzen.

Um sechs Uhr stürmte ich total erschöpft aus dem Haus, sandte ein Stossgebet zum Himmel und glaubte wirklich ans nahende Ende. Weil ich aber noch ein paar Francs Notgeld besass, wollte ich schnell weg von diesem Ort. Vor einer Bahnreise brauchte ich in meinem erschöpften Zustand aber noch dringend Hilfe, und diese durfte ich erfahren, obwohl ich fast nicht mehr dran glaubte. Beim Bahnhof angelangt, sah ich vis-à-vis das kleine Hôtel de la Gare. Ich ging hinein. Es waren keine Gäste da, und die freundliche Wirtin fragte sofort, ob es mir nicht gut sei. Ich erzählte ihr alles, was mir in der letzten Nacht widerfahren war. Sofort durfte ich ein Bad nehmen. Der ganze Körper war mit Wanzenbissen übersät. Diese liebe Frau gab mir noch ein Desinfektionsmittel und eine Salbe. Als ich vom Bad kam, war schon das Essen bereit. Dann durfte ich in einem kleinen Zimmer mit sauberem Bett ausschlafen. Es war alles gratis.

18-15 Reiche Michelle, Predigen, Universität

Am andern Tag entschloss ich mich, in die nächste grosse Stadt in Zentralfrankreich zu fahren, um einen letzten Verkaufsversuch zu wagen. Aber der unsichtbare Begleiter und Beschützer plante es anders. Ich hatte ja auch das letzte Geld für die Bahn ausgegeben. Im Verlauf des Nachmittags kam ich im Zielbahnhof an und schlenderte in einer schrecklichen Hilflosigkeit durch die nächstgelegenen Strassen.

Plötzlich stand ich vor einem Geschäft mit grossen Schaufenstern. Ich betrachtete die ausgestellten Haushaltgeräte und spürte einen unwiderstehlichen Drang, hinein zu gehen. Alle Verkäuferinnen waren am Bedienen. Ich blieb bei der Tür stehen und sah zuhinderst im Raum ein Büro mit einem grossen Glasfenster, hinter dem die Chefin sass. Sie kam sofort auf mich zu und begrüsste mich freundlich. Ich entschuldigte mich wegen meines Pfahlbauerfranzösisch. „Ah, Sie sind Adventist. Das ist ja wunderbar. Kommen Sie, kommen Sie, ich bin auch Adventistin." Jetzt begann ein sorgloseres Leben, aber nur kurze sechs Monate lang wegen meiner eigenen, damals noch unbewussten Entscheidung.

Trotz ihrer Spontaneität habe ich ihr schüchtern und verlegen gestanden, dass ich ein ungeeigneter Verkäufer sei und gar kein Geld mehr habe. Ich wäre ihr dankbar, wenn sie mir etwas abkaufen würde, damit ich ein Zimmer mieten könnte, um am nächsten Tag wieder zu arbeiten. Da lachte sie so herzlich, dass ich es heute noch höre und meinte, diese Sorgen könne ich jetzt vergessen. Sie habe genug Platz in ihrem Haus, und das Geld sei kein Problem. Es war ungefähr siebzehn Uhr, als sie sagte: „Wir gehen jetzt zu mir nach Hause. Dort können Sie mein Gästezimmer beziehen." Anschliessend gingen wir ins Restaurant zum Nachtessen. Ich erwiderte, sie sei doch verheiratet, ob denn der Mann einverstanden sei. Der hat doch gar nichts zu sagen, er sei ja jeden Tag besoffen und zu faul zum Arbeiten, weil es ihm zu gut gehe. Sie denke schon einige Zeit an Scheidung.

Beim Nachtessen waren wir als Bruder und Schwester im Herrn bald per du. Schon am ersten Abend wurde im Restaurant und bei ihr zu Hause bis Mitternacht über meine Garderobe und den Zeitvertreib diskutiert. Am zweiten Tag gingen wir zum Einkaufen. Sie wollte mich neu einkleiden. Aber bei den Sockenhaltern hatte sie Pech, weil ich das als Blödsinn bezeichnete. Sie hatte mich zu gern, deshalb akzeptierte sie auch, was mir nicht passte. Sie war zwanzig Jahre älter als ich und eine hübsche zierliche Frau. Ihr gehörten zusätzliche

Filialen in Paris, und sie war Erbin von Land und anderen Gütern. Zu meinem, Erstaunen wurde ich von ihrem Mann problemlos akzeptiert. Täglich begrüsste er mich freundlich: „Bonjour, Eric, comment allez-vous?"

Wir hatten vereinbart, dass ich mir in der ersten Woche die Stadt etwas anschaue und sie jeweils am Abend im Geschäft abhole. Sie besorgte mir auch einen Zahnarzt, der damals über die modernsten Einrichtungen verfügte und auch unter Narkose behandelte.

Auf ihr Drängen hin musste ich mich an der Universität einschreiben, vor allem wegen der Sprache sowie weiteren mich interessierenden Themen. Ich dürfe auch noch ein Wunschhobby betreiben, es würde alles bezahlt. Zwei Mal in der Woche besuchten wir die Versammlung der Adventisten. Ausserdem beschäftigte ich mich mit der Adventistenlehre. Oft gab es heisse Diskussionen. So hatte ich auch ohne Hobby mehr als genug zu tun. Mit der Adventistenreligion war sie wie auch andere nicht in allen Belangen ein Herz und eine Seele. Sie gab auch keine Ruhe, bis ich selber in dem kleinen Saal anfing zu predigen. Es waren immer etwa vierzig bis fünfzig Personen anwesend. Trotz meines stottertaften Französisch lauschten die Leute andächtig und hatten ihre Freude am mutigen Schweizer.

Am meisten Eindruck machte mein grosses gemaltes Farbbild, das ich an der Frontwand des Rednerpultes befestigte. Es war ein Kreuz, an das sich verzweifelt eine bildschöne Frau mit langen wallenden Haaren klammerte, und das aus der Brandung des mit finsteren Wolken überzogenen Meeres ragte.

Nachdem ich in der Vergangenheit ganz unten durch musste und mein Leben von vielen Leiden geprägt war, eröffnete sich mir plötzlich eine glorreiche Zukunft, und der Himmel hing voller Geigen. Trotzdem liess ich die Geschäftsinhaberin oft wissen, dass eine innere Unruhe in mir das unverdrängbare Gefühl erzeuge, dass dieses Leben nicht mein Weg sei und ich anderswo noch weitere Erfahrungen sammeln müsse, weil ich noch eine mir unbekannte Aufgabe zu erfüllen hätte. Sie wollte das natürlich nie wahrhaben, da ich ihr auch in mancher Beziehung etwas geben konnte, was ihr fehlte. Darum arbeitete sie auch viel, um ihre Probleme zu verdrängen. Also wieder ein typisches Beispiel, dass Reichtum allein nicht glücklich macht und schon gar nicht Sinn und Zweck des Lebens ist.

18-16 Nicole, der blonde Engel

Für mich mit meinen sechsundzwanzig Jahren gab es da noch eine andere Versuchung. Eine ältere Adventistin, die immer in die Versammlung kam, eröffnete mir eines Tages, sie arbeite in der Villa eines Ölmillionärs. Diese Leute hätten eine achtzehnjährige Tochter, welche sich mehr für diese Religionsgemeinschaft interessiere als ihre Eltern. Sie habe diesen Leuten von mir erzählt, und sie möchte mich gern einmal mitnehmen.

So kam es, dass ich eines Tages in einer luxuriösen Villa am Stadtrand diesem Ehepaar mit ihrer bildhübschen Tochter vorgestellt wurde. Von diesem Moment an hatte ich nur noch Augen für Nicole und sie für mich. Ich merkte, dass ihre Eltern noch nicht reif waren und es noch viel Überzeugungsarbeit gebraucht hätte, um sie für die Adventistenlehre zu gewinnen, und das konnte ich mir nicht leisten. Nicole war ein wohlbehütetes Kind, das nichts unternehmen konnte, was die Eltern nicht wussten. Sie durfte aber ihre Haushalthilfe in der Stadt besuchen, weil die Eltern Vertrauen hatten zu den Adventisten, und das war auch mein Glück. Ich habe dann mit Frau A. vereinbart, dass ich mich mit Nicole statt in ihrer Wohnung in einem Stadtpark treffe und ihr dort auf einer Bank Unterricht erteile. Sie beschwor mich aber, wir sollten ja vorsichtig sein.

Wenn meine Madame etwas erfahren würde, gäbe das ein Drama. Dies hätte ich meiner grosszügigen Michelle nie angetan. Das war auch ein weiterer Grund, weshalb ich von dieser Stadt weg und ein anderes Leben beginnen wollte. Frau A. war eine verständnisvolle Adventistin und mochte uns die kleinen Abwechslungen gönnen, vor allem der streng gehaltenen Nicole.

Auf das wiederholte Drängen von Michelle, bei ihr zu bleiben und nicht mehr fort zu gehen, erwiderte ich immer, dass ich eine mir noch unbekannte Aufgabe zu erfüllen hätte. Wenn es wirklich sein müsse, wäre das ja keine Weltreise, wieder zu ihr nach Frankreich zu kommen. Sie wollte wissen, wohin die Reise gehen solle. Ich verriet ihr die kleine Stadt in Südfrankreich, welche mir mein karibischer Studentenfreund empfohlen hatte. Er habe dort schon viel besser gearbeitet als anderswo, weil die Leute freundlich und aufgeschlossen seien. So wolle ich es nochmals versuchen, um nicht als Versager in die Schule zurück zu kehren. Am Tag des Abschieds flossen gegenseitig die Tränen, weil diese Frau so lieb war und mir in ihrer Grosszügigkeit alles offeriert hatte. Dieser Abschied beschäftigte mich noch viele Jahre danach. Ausserdem schrieben wir uns.

18-17 *Reicher Schneider, Nähmaschinen-Revision*

Aus dem Land der Morgenröte führte die Fahrt wieder ins Ungewisse, und das drückte gewaltig auf die Psyche. Im idyllischen südfranzösischen Städtchen kam ich am Spätnachmittag an, besorgte mir eine Pension und legte mich sofort ins Bett. Der Abschied hatte mir zu stark zugesetzt. Am andern Morgen begann ich mit der Tour, aber schon am ersten Abend zeichnete sich kein besseres Resultat ab als anderswo. Die Menschen waren wohl freundlicher, aber nicht kauffreudiger. Ich hätte noch drei Wochen ausgehalten bis zur totalen Pleite, aber soweit kam es gar nicht. Am ersten Freitag gegen Abend als ich aufhören wollte, sah ich in einiger Entfernung am Stadtrand ein grosses Haus in einem Park. Wieder drängte mich ein Gedanke und ein unbeherrschbares Gefühl, das musst du noch machen. Ich läutete am Tor, und nach einigen Minuten öffnete mir ein Mann. Als ich im Begriff war, mich vorzustellen, sagte er zu meiner Verblüffung: „Sie können schon Deutsch sprechen, ich bin Österreicher." Er führte mich ins Haus und hörte sich meine Studentengeschichte an, besah meine Verkaufsliteratur und meinte, er kaufe nichts, aber schlage mir eine andere Arbeit vor, die gut honoriert würde, falls ich sein Problem lösen könne.

Er sei Schneider von Beruf und seit dreissig Jahren an diesem Ort. Seine Spezialität sei das Nähen von teuren Pelzmänteln auf Spezialnähmaschinen aus Paris. Zwei seiner drei Maschinen seien defekt, er brauche dringend eine Reservemaschine. Trotz wiederholten Meldungen an den Lieferanten komme kein Monteur vorbei. Es gehe diesen Leuten eben viel zu gut, und im ganzen Städtchen existiere kein geeigneter Handwerker. Ich erzählte ihm, was ich beruflich bin, worauf er erfreut rief:„Dann können Sie es doch versuchen!", worauf ich antwortete: „Ja, natürlich, gern." Der Schneider bat mich: „Also kommen Sie morgen, Sonntag, um acht Uhr. Dann nehmen wir das Frühstück ein und besprechen die Sache." Seit dem Verlust seiner Frau besorge ihm ein Gärtnerehepaar sein Haus.

Entspannt und wie erlöst ging ich schlafen. Ich konnte den Sonntag kaum erwarten, und auch der Leistungsdruck war wie verflogen. Der Schneider stellte mir einen Raum und sein spärliches Werkzeugsortiment zur Verfügung und sagte, es werde mich den ganzen Tag niemand stören, es sei ihm nicht wohl, solang er keine Reservemaschine besitze. Ich zerlegte beide Maschinen in ihre Einzelteile. Dabei fiel mir auf, dass die Nähmaschinen äusserst robust gebaut waren und deshalb kein Defekt zum Vorschein kam, welcher Ersatzteile erforderte. Aber bei der dringend nötigen Reinigung entdeckte ich die Störungsursache. Es war bei beiden Maschinen dasselbe. Bei den Vertikalspindeln hatten sich die Schrauben der Lagerführungen gelöst, was die Störung verursacht hatte. Ich zog dann diese Schrauben nicht nur an, sondern sicherte sie auch noch, damit sie sich nicht wieder lösen konnten. Am Sonntag Abend waren die Maschinen montiert und betriebsbereit. Der Pelzmacher war ausser sich vor Freude und bezahlte mir für diese Arbeit zehntausend Francs, also ungefähr soviel wie ein guter Buchverkäufer in drei Monaten verdiente. Dazu machte er mir ein sensationelles Angebot, in dem er sagte: „Bleiben Sie hier, gehen Sie nicht mehr auf die Missionsschule zurück, ich werde Ihnen eine mechanische Werkstatt einrichten." Die Leute im Städtchen und in der Umgebung wären dankbar, weil nichts in der Branche für Präzisionsmechanik vorhanden sei, und später könne ich einmal alles übernehmen, da er keine Erben besitze.

Jetzt stand ich wieder vor einer folgenschweren Entscheidung und war mir bewusst, dass solche Angebote wie vorher bei der Madame und jetzt beim Monsieur im Leben nie mehr kommen würden. Nach einem Nein würde es wieder abwärts gehen und in einen weitern Weg der harten Lebensschule münden. Ich war aufgewühlt. Die Entscheidung fiel mir schwer. Ich sagte Nein, weil ich noch eine Bestimmung zu erfüllen hatte. So fühlte ich es auch im Innersten. Was für eine Aufgabe das sein sollte, wusste ich natürlich nicht. Es führen viele

Wege ans Ziel, und jeder ist verschieden. Wir waren beide sehr traurig. Es herrschte beinahe eine Weltuntergangsstimmung.

18-18 *Bergwerksbesichtigung, Arbeit im Konstruktionsbüro von Benne Marell*

Ich schaute mir das schöne Städtchen noch etwas an, und nach zwei Tagen fuhr ich zurück in die Hölle, aber dort wollten sie mich nicht. Es war die wieder mehr nördlich gelegene Stadt der Kohlenbergwerke. Der Himmel war dauernd grau und rund um die Uhr wurde die Stadt in einen Staubdunst eingehüllt, welcher auch die Häuser schwärzte. Arbeit im Bergwerk erhielt ich nicht, durfte aber einen Besuch machen, und dann wusste ich, dass dort zu arbeiten für mich reinster Horror oder eben die Hölle gewesen wäre.

Ich wollte noch das ganze dritte Jahr in Frankreich bleiben. Das Geld reichte aber nicht einmal für ein halbes Jahr, denn ich musste ja auch noch eine kleine Reserve behalten. Den Buchverkauf wollte ich auch aufgeben.

Eine Arbeit zu finden war schwer, doch ich hatte wieder Glück. Als Schweizer mit meinen Voraussetzungen stellte mich ein Transportgeräteunternehmen für fünf Monate an. Sie waren gerade mit einer wichtigen Erfindung beschäftigt. Es gab viel Arbeit im Konstruktionsbüro und in der Testabteilung. Dies war interessant. Ich konnte wieder viel lernen. Der Lohn jedoch war klein. Das Benne Marell Unternehmen leistete Pionierarbeit mit seiner patentierten hydraulischen Mulden-Transporteinrichtung, welche in der ganzen Welt eingesetzt wird.

18-19 Rückkehr in die Schweiz

Ich musste mich auch rechtzeitig für die Rückkehr in die Schweiz vorbereiten, konnte indessen nur wenig Geld sparen. Der Arbeitsmarkt in der Schweiz war nicht rosig. Ich benötigte genügend Überbrückungsreserve, bis ich eine Arbeit gefunden hatte. Auch diesmal durfte ich wieder eine höchst aparte Hilfe erfahren, die zeigte, wie vielfältig, unerschöpflich und rätselhaft der Beistand und die Wege Gottes sind.

18-20 Kosakentournee

Meine Logisgeberin und Pensionsbesitzerin während der Benne Marell Zeit kannte einen Schweizer, der geschäftlich immer längere Zeit in dieser Stadt verweilte. Sie werde mich gern mit ihm bekannt machen. Er war der Bruder eines Russen, welcher mit einer Schweizerin verheiratet war und im Kanton Waadt lebte. Dieser Mann war der Chef und Besitzer der damals berühmten Kosaken-Kunstreitertruppe. Sie begaben sich alle vier Jahre auf Tournee durch die ganze Schweiz.

Der neue Bekannte machte mir Mut und meinte, sein Bruder habe bestimmt eine Arbeit für mich. Er benötige für die Tourneedurchführung seriöse Leute für Organisation, Betreuung und Finanzen. Er werde mit ihm reden. Tatsächlich wurde ich berücksichtigt und durfte vor Tourneebeginn in seinem Haus am Genfersee noch zwei Wochen Gratisferien machen. In dieser Zeit wurden alle Details besprochen.

Der Generalmanager arbeitete seit Jahren für diesen Betrieb und wohnte in Zürich. Ihm war ich direkt unterstellt. In seiner Wohnung durfte ich meine wenigen Effekten deponieren bis ich ein Zimmer gefunden hatte. Vor meiner Einreise in die Schweiz ging ich noch in der Missionsschule vorbei, räumte mein Zimmer und schickte die Sachen an diese provisorische Adresse. Ich wollte ja später wieder auf meinem Beruf arbeiten. Als ich nach Frankreich verreiste, hatte ich eine provisorische Adresse, wo ich Kleider und Bücher einstellen durfte. Ich hätte nach meiner Rückkehr auch dort wohnen können, aber die Hausbesitzerin verstarb während meiner Abwesenheit, weshalb meine Effekten ebenfalls liquidiert worden waren.

Für die genau in diesem Jahr durchgeführte Schweizertournee war meine Hauptaufgabe, als seriöser Adventist die Eintrittsbillette an der Kasse zu verkaufen. Während der Vorstellung patrouillierte ich um das Gelände, damit sich niemand ohne zu bezahlen unter die Zuschauer mischen konnte. Das Vorführgelände war eine mit einem Seil abgegrenzte Wiese, auf der die Kosakenreiter galoppierten und ihre gefährlichen Kunststücke zeigten. Im Zuschauerumkreis von ungefähr vier Meter ab dem gespannten Seil zurück wurde die Sicht auf das Spielfeld zusätzlich mit einer drei Meter hohen Tücherwand verdeckt. Es liess sich aber nicht verhindern, dass gleichwohl Leute unten durchschlüpften und sich zwischen die Zuschauer mischten. Deshalb wurde auch innen über Stichkontrollen das Vorzeigen der Eintrittskarten verlangt. Mit den Sündern, besonders Jugendlichen, die kein Geld hatten, war man tolerant. Erwachsene zahlten dann nach. Anschliessend an die Aufführungen habe ich zur Verabschiedung des Publikums immer die gleiche Schallplatte aufgelegt. Dann ertönte es aus den Lautsprechern: *„Auf Wiedersehn, auf Wiedersehn, bleib nicht so lange fort, denn ohne dich ist's halb so schön, darauf hast du mein Wort."*

Den Leuten war schon klar, dass eine solche Veranstaltung kostspielig war. Jeder musste den Lohn haben, die Pferde mussten gefüttert und gepflegt werden, die Gemeinde wollte die Billettsteuer und der Bauer die Entschädigung für die Wiese. Dazu kamen die Hotelkosten und anderes mehr. Je nach Grösse des Dorfes kamen durchschnittlich 150 bis 300 Zuschauer. Das war immer ein Dorfereignis, und die Kinder riefen begeistert: „Die Kosaken kommen, die Kosaken kommen!"

Die Organisation war auch nicht immer einfach, vor allem wegen den Stallungen für das Unterbringen der zehn Pferde, besonders wenn es für mehrere Tage war. Nach den Veranstaltungen sah die Wiese aus wie ein umgepflügter Acker, der dann eine Zeit lang nicht mehr nutzbar war. Das wusste natürlich jeder Bauer, weshalb es manchmal mühsam war, einen geeigneten Platz zu bekommen. Für mich als zurückgekehrter Schweizer war diese Überganstätigkeit sehr abwechslungsreich und absolutes Neuland. Ich lernte erstmals etwas von der Schönheit meines Landes kennen.

Es gab lustige wie traurige Diskussionen und Ereignisse. Die Russen waren sich an das mehr oder weniger immer gleich ablaufende Schema ihres Artistenwanderlebens gewöhnt. Für mich war es eine ganz neue Erfahrung. Nach den Abendvorstellungen wurde das Nachtessen immer spät zusammen eingenommen. Anschliessend wurde gebechert und überhockt, was ich nie mitmachte und deswegen dauernd gehänselt wurde. Es wussten ja alle, dass ich der Adventgemeinschaft angehörte. Aber der Versuch, diese Russen zu bekehren, hatte ich bald aufgegeben. Die Serviertöchter waren vor ihnen nie sicher, und an jedem Abend wurde das gleiche Avancenspiel gespielt. Manchmal haben sie gesagt: „Erich, probier's doch du!", worauf ich erwiderte: „Man muss als Adventist Enthaltsamkeit üben, um in den Himmel zu kommen." Das gab natürlich Anlass zu ausgefallener Heiterkeit.

Eines Abends sassen alle wieder fröhlich beisammen. Als es schon spät war, kam die Serviertochter hinter meinen Stuhl, sagte Feierabend, legte den Arm um meinen Hals und übergab mir ihre Zimmerschlüssel vor aller Herren Augen. Die Wirkung war perfekt. Einen Moment lang herrschte absolute Ruhe, und alle machten lange Gesichter. Dann ertönte: „Wir gratulieren dir, Erich, mach's gut." Am andern Morgen beim Frühstück fragten sie mich: „Wie war es gewesen?" Ich fragte zurück: „Ja was denn? Ich habe ihr die Schlüssel aufs Bett gelegt und ging schlafen." Ihre Reaktion möchte ich hier lieber nicht beschreiben. Es gab auch Frauen unter den Zuschauern, welche die Gelegenheit nutzten, um mit einem Kosaken ein Abenteuer zu wagen. Es waren gewiss stramme Burschen.

Im Herbst, nach der letzten Vorstellung in Engelberg, gab es ein trauriges Ereignis. Der ganze Fahrzeugtross mit den Pferdetransportern fuhr Richtung Wolfenschiessen. Ich sass im letzten Personenwagen des Chefs. Plötzlich ein Lärm und Geschrei, alle Fahrzeuge hielten an. Ein Russe rannte zu uns zurück und rief: „Ein schwerer Unfall ist passiert, ein Mann ist vom Pferdetransporter gestürzt und vom nachfolgenden Wagen überrollt worden!" Als wir an die Unfallstelle kamen, war der Mann schon tot. Es war der beliebteste Russe und Pferdepfleger. Dieser Tod war ein grosser Verlust für die ganze Truppe. Der Russe war alleinstehend und wurde auf dem Friedhof Wolfenschiessen beerdigt.

Ein weiterer Unfall ereignete sich während einer Vorstellung in einem Aargauer Dorf. Bei einem spektakulären Kunststück stach ein Reiter seinem Pferd mit dem Säbel ein Auge aus. Es wurde sofort vom Platz entfernt und ins Tierspital nach Zürich transportiert. Das Pferd durfte auch nur mit einem Auge weiterleben.

18-21 Neustart ins Berufsleben

1953, im neunundzwanzigsten Altersjahr, nach der Kosakensaison habe ich in der Schweiz wieder Fuss gefasst und einen beruflichen Neubeginn in Angriff genommen. Es war nicht einfach, eine geeignete Stelle zu finden. Ich war ans Arbeiten gewohnt und scheute keine Tätigkeit, mit der ich ehrlich, einfach und ohne Ansprüche zu stellen überleben konnte. Meine erste Arbeit war die Montage von Rechenmaschinen. Der Zusammenbau der vielen verschiedenen Einzelteile weckte in mir wieder das Interesse am Konstruieren und Erfinden. Bei einem Gespräch machte mich ein Hobbykoch auf ein nicht existierendes Gerät aufmerksam, das man erfinden sollte, weil es nützlich für den Haushalt und die Ernährung wäre. Es war ein spezieller Grill für verschiedene Möglichkeiten. Obwohl ich gut verdiente, reichte das Geld nicht für die eigenständige Realisierung. Ich wurde dann betrogen und musste aufgeben. Dieses Gerät hatte ich als Prototyp komplett funktionstüchtig hergestellt, aber dummerweise im Vertrauen aus der Hand gegeben. Es wurde dann kopiert und fabriziert. Dazu verlor ich noch die Stelle, weil ich zu früh gekündigt hatte.

Trotz diesem Misserfolg liess mich der Erfindergeist nicht mehr los, worauf ich mit den Studien für die Verwirklichung eines grösseren Projektes begann. Unternehmerinteressenten hätte ich gehabt. Aber die wollten zuerst die fertigen Pläne sehen. Darauf bin ich nicht eingestiegen. Einmal betrogen zu werden reichte mir. Das Projekt hätte einen bedeutenden Preisvorteil gebracht, wäre aber eine ebenso grosse Konkurrenz für bestehende Institutionen gewesen. Nur genügend zur Verfügung stehendes Kapital hätte einen Erfolg garantiert. Das alles musste ich vorerst lernen.

18-22 Der Weg ganz unten durch

Ich liess es soweit kommen, dass ich vorübergehend kein Geld, kein Logis und keine Arbeit mehr hatte. Weil Sommerzeit war, übernachtete ich sechs Wochen am Stadtrand im Freien. Damit ich nicht entdeckt wurde, musste ich mehrmals einen neuen Platz suchen, was eine zusätzliche Anstrengung war. Eine vorübergehende, legale Bleibe war mein sehnlichster Wunsch. Er wurde erfüllt, als ich auf der Suche an einem Bach entlang wanderte und eine Gruppe von zwanzig Schafen in einer Umzäunung sah. Inmitten dieses privaten Geländes stand ein übergrosser ca. fünf Meter hoher Heuschochen, aus dem vier Holzmasten ungefähr einen Meter über das Heu hinausragten. Auf diesen war ein Wellblech befestigt, damit das Heu nicht nass wurde. Dieses Verdeck sah aus wie eine spitzlose Pyramide. Unten am Fuss bemerkte ich zu meinem Erstaunen einen rechteckigen Eingang mit einer kleinen Holztüre, eine richtige Idylle.

Als ich so in Gedanken versunken am Zaun stand, kam plötzlich ein Mann aus dem Heuloch heraus und rief mit grimmiger Miene: „Was wollen Sie hier?" Ich erwiderte ihm, es gehe mir gar nicht gut, ob ich mit ihm reden dürfe. Er entgegnete: „So kommen Sie!" Erleichtert stieg ich über den Zaun und ging hin. Er stand beim Eingang und bat mich, in den zirka drei mal drei Meter grossen, mit Brettern ausgeschlagenen Raum einzutreten. Darin befanden sich Tisch, Sitzbank, Matratze sowie Ess- und Kochgeschirr. Nach dem Anhören meiner Geschichte meinte er: „Ich würde Ihnen gerne helfen, aber wie Sie sehen, ist kein Schlafplatz frei, höchstens oben unter dem Wellblechdach. Aber das ist zu gefährlich. Sie müssten über die am Heuhaufen anliegende Leiter hochsteigen." Das sei für mich kein Problem. „Also steigen Sie hinauf, dann sehen Sie selber, ob Sie dort schlafen können." Oben angelangt, fand ich es wunderbar romantisch und fing sofort an, ein Loch ins Heu zu graben, damit ich ringsum geschützt war. Als später das erste Mal der Regen auf das Wellblech prasselte, war es richtig heimelig. Ich stieg hinunter, bedankte mich und sagte: „Ich hole noch die Luftmatratze und den Schlafsack. Ich schlief die vergangenen zwei Wochen im Wald und auf den Feldern." Nach dem Freiluftnächtigen musste ich die Sachen jeweils verstecken, damit sie nicht entdeckt wurden.

Der Schäfer hatte mich noch angewiesen, abends eine bestimmte Ankunftszeit, ungefähr zweiundzwanzig Uhr, einzuhalten, weil die Schafe mich blökend begrüssen würden und er dann wisse, wer kommt. So war es dann auch. Ich sagte zu ihm, dass ich in vier Wochen eine Arbeit beginnen könne und dass ich seine freundliche Hilfe nicht vergessen werde. Später brachte ich dem Mann dann

Geld, das er dankend annahm, weil auch er nicht auf Rosen gebettet war.

Einen Freund, Kaufmann von Beruf, habe ich auf der Missionsschule kennen gelernt. Er war gebürtiger Deutscher, blieb aber nur ein Jahr in dieser Schule, weil auch ihm einiges nicht passte. Wieder in der Schweiz, bekam er in einer kleinen Waschmaschinenfabrik, wo er schon zwei Jahre beschäftigt gewesen war, eine Hilfsarbeit an einem Punktschweissgerät. In seinem Beruf war es zu jener Zeit auch nicht einfach, eine Stelle zu finden. Da bei mir das Geldverdienen auch wieder aktuell wurde, dachte ich an diesen Betrieb. Anlässlich eines Gesprächs erklärte mir der Freund einmal, dass Leute wegen des in einigen Bereichen schlechten Arbeitsklimas oft kündigten. Deshalb bat ich ihn, seinen Chef zu fragen, ob ich mich bewerben und vorstellen dürfe. Und das durfte ich sofort, weil wieder einer ausgezogen war. Der Besitzer führte mich durch die Abteilungen, in denen etwa dreissig Personen beschäftigt waren, und er versprach mir eine Arbeit in der Montageabteilung. Im technischen Büro gebe es leider keine Arbeit. Das war mir auch egal, weil ich ebenso gern eine interessante produktive Tätigkeit ausübte und das auch fähig war. Mit dem Zusammenbau der Maschinen wurde aber nichts, da der Ausgezogene dringend ersetzt werden musste, damit die Endmontage nicht zum Stillstand kam.

Als der Chef mir an dem zu besetzenden Werkplatz die Arbeit erklärte, hatte ich sofort den Eindruck, dass hier etwas gemacht werden musste, welches nur die Folge vorangegangener Konstruktionsfehler einer sehr teuren Pressform sein konnte, also ein zwangsläufig kostspieliger Leerlauf. Ich sagte natürlich wohlweislich nichts, da ich ja Geld verdienen musste.

Meine Aufgabe war, die Chromstahlklapptüren zu richten, das heisst ihnen mit Hämmern und Biegen die endgültige Form zu geben, damit sie an der Trommel montiert über eine Schnappvorrichtung mühelos und sauber anliegend geöffnet und geschlossen werden konnten. Der Chef versprach mir auch, wenn ich diese Arbeit einwandfrei und speditiv ausführe, könne ich nach zwei Monaten einen Hilfsarbeiter anlehren und in die Endmontage wechseln.

Weil ich die Aufgabe zur vollen Zufriedenheit erledigte, bekam ich schon nach einem Monat mehr Lohn. Trotzdem wollte ich diese langweilige und überflüssige Arbeit nicht weiter verrichten. Mein Freund arbeitete schon über zwei Jahre in diesem Betrieb und wohnte in einer Pension, wo ich nach meinem Freiluftabendteuer auch Aufnahme fand. Da er diesen Betrieb ausreichend erlebt hatte, erzählte er mir noch von anderen unerfreulichen Zuständen, weshalb er selber dort auch keine längerfristige Zukunft sehe.

So kam es, wie ich es habe kommen sehen, es gab niemanden, der mir die Arbeit streitig machte. Die Endmontage blieb ein Wunschbild. Ich besprach mich auch mit anderen Arbeitern, sah in einigen Bereichen noch mehr Mängel und konnte nicht länger schweigen. Es gab auch einige gute Leute mit Verbesserungsvorschlägen, die weder geprüft noch akzeptiert wurden. Berechtigte Einwände blieben ungehört, niemand durfte etwas sagen. Die Verantwortlichen im Werkzeugbau waren alles Füdlibürger und Chefschmeichler. Dafür lief das Geschäft auch immer harziger. Es gab zu viele Kundenreparaturen. Auch wurde immer offensichtlicher, dass nichts geändert werden konnte, weil das Geld fehlte. Nach fünf Monaten hatte ich genug von diesen Zuständen und stellte den Chef an meinem Arbeitsatz zur Rede. Ich sagte ihm: „Wenn Sie so weiter wursteln und nichts verbessern, existiert dieser Betrieb kein weiteres Jahr." Er war ausser sich vor Wut, und am andern Tag hatte ich die Kündigung. Es dauerte dann kein Jahr bis zum Konkurs der Firma.

Alsdann ging ich zurück in die Stadt und bemühte mich sofort um Arbeit. Weil eine Arbeitsbeschaffung immer lange dauerte, ging mir das Geld aus. Es war Spätherbst und schon nasskalt. Ich war entschlossen, jede Dreckarbeit anzunehmen. Auf einer Baustelle konnte ich sofort anfangen, und das war eine der härtesten Arbeiten. Mit Schaufel und Pickel musste ich einen Leitungsgraben ausheben. Da es auch regnete, stand man dauernd im Schmutz und Wasser.

Meine Kondition war zu schwach für diese strenge Arbeit. Aber ich wollte durchhalten so lang es ging. Damit ich mobil war, kaufte ich für fünf Franken ein altes Fahrrad. Verpflegen konnte ich mich noch für knapp zwei Wochen, also bis zum ersten Zahltag, und ein Logis musste ich mir auch besorgen. Ich kannte eine kleine günstige Institution, wo man gegen tägliche Vorauszahlung schlafen konnte.

Jeden Abend war ich erschöpfter und suchte in der Tageszeitung fieberhaft nach einer Stelle als Konstrukteur. Nach dem ersten Zahltag in der dritten Woche war es soweit. Am Dienstag Abend las ich das Inserat, am Donnerstag Morgen durfte ich mich vorstellen, und am folgenden Montag konnte ich die Arbeit im technischen Büro anfangen. Nun musste ich mich nur noch auf der Baustelle abmelden. Ich sagte dem Polier als ich erst am Donnerstag Nachmittag erschien, ich sei zu schwach und müsse aufgeben. Er meinte nur, das hätte er schon am Anfang gedacht. Zum Essen reichte das Geld nur noch bis am Sonntag. Ich sprach mit dem Logischef. Der sagte, wenn ich einen Anstellungsvertrag vorzeige, könne ich bei ihm vorübergehend essen bis ich Geld hätte, und das dauerte einen Monat. Ich brachte dann am Abend des ersten Arbeitstages den Vertrag.

18-23 *Spezialmaschinen, Erfahrungen im Glauben*

Der inserierende Arbeitgeber führte einen Kleinbetrieb für Spezialmaschinen und Werkzeugbau. Eine Neukonstruktion musste fertiggestellt werden. Das war meine Aufgabe. Mein Reissbrett und Arbeitsplatz schlossen sich an das Reissbrett und den Arbeitsplatz meines Chefs an. Weil ich jedoch im neuen Betrieb am ersten Arbeitstag kein Geld mehr hatte, machte ich mich frühmorgens mit dem Velo hungrig auf den dreiviertelstündigen Arbeitsweg. Plötzlich sah ich einen Milchmann, der seinen Handwagen bei einem Gartentor deponierte und mit Waren hinter dem Haus verschwand. Ich fuhr zum Wagen und sah ausser Milch und Butter auch noch Käse. Ich wollte blitzschnell etwas schnappen, damit ich nicht mit ganz leerem Magen arbeiten musste und mich besser konzentrieren konnte. Als ich den Arm ausstrecken und mit der Hand hineinlangen wollte, spürte ich einen starken Widerstand, und innerlich hörte ich eine Stimme, die rief:: „Nicht stehlen!" Blamiert und erschrocken schwang ich mich aufs Fahrrad und machte mich ohne Beute davon. Ich war auch früh im Geschäft, damit ich nicht schon am ersten Tag zu spät kam.

Um neun Uhr war Znünizeit. Der Chef entnahm der Tasche ein übergrosses Sandwich mit Schinken,

Butter, Käse und Salat dazwischen. Mir lief das Wasser im Mund zusammen. Doch, oh Wunder, mein Vorgesetzter sagte zu mir: „Herr Haller, schauen Sie sich das mal an! Ich glaube, meine Frau will mich mästen, dabei habe ich gar keinen Hunger. Mögen Sie das essen? Ich muss sowieso gleich wieder in die Werkstatt." Ich sagte: „Ja gern, vielen Dank!" und nahm das Eingeklemmte. Der Chef verschwand aus dem Büro. Niemand sah, wie gierig ich dieses unerwartete Geschenk verschlang. Da hat wieder eine Macht gezeigt, dass sie existiert. Trotzdem sind solche Erfahrungen für die meisten Menschen nur Zufall. Aber für mich war das die Belohnung, weil ich nicht gestohlen hatte. Ein unsichtbarer Beistand mit einer Dienermission hatte das geregelt. Diese können Menschen beeinflussen, dass sie im richtigen Moment etwas tun oder fühlen, was auch hier der Fall war. Nach zwei Jahren musste dieser Kleinbetrieb alle fünfzehn beschäftigten Personen entlassen, weil der Konkurrenzdruck aus dem Ausland zu gross wurde.

18-24 Die weisse Villa und die Neugeborenen

Es war einmal ein berühmtes Haus im Schabzigerland. Man sah es von weit her, gebieterisch drohend, am steilen Hang über den Häusern des Bergdorfes. Es sollte für kurze Zeit mein Zuhause werden. Diese Villa hatte dreissig Räume, eine Parkanlage und zwanzig Tausend Quadratmeter Land als Jagdgebiet. Einganshalle, Treppenhaus und die grossen Räume waren imposant und teils mit Marmor ausgekleidet. Auch grosse Cheminées fehlten nicht. Die Wände und Decken der Bibliothek, Säle und Konferenzräume waren mit wunderschönen Fresken und Ornamenten verziert.

Diese Liegenschaft stand zu meiner Nutzungszeit, also vor zirka fünfundvierzig Jahren, schon einige Jahre leer. Niemand wollte sie, auch die ehemaligen Erben nicht. Deshalb war sie ziemlich verkommen, und einige wichtige Sachen, vor allem antike Kunst, Türen und Schlösser sollten renoviert werden. Weshalb alles so war und die ganze Renovation verzögert wurde, hatte einen Haken. Einer der ehemaligen Besitzer hatte sich in diesem Haus das Leben genommen, und alle fürchteten den aufgetretenen Geisterspuk.

Ein Bekannter meines Freundes fasste aber Mut und wollte dieses Objekt trotzdem kaufen. Sein

Geld reichte jedoch nicht für den Kauf und die Total-Renovation. Er rechnete aber mit seiner gutsituierten Mutter. Mein Freund war spezialisierter Künstler und Antikschreiner. Wir ergänzten uns gut und konnten einander helfen. So kam es, dass wir engagiert wurden.

Ich besass damals einen alten VW-Käfer und eine Hündin, die kurz vorher Junge zur Welt gebracht hatte. Sie hatte sie in der Stube auf einer Wolldecke geboren. Obwohl ich nicht Hebamme von Beruf war, musste ich ihr dabei helfen, weil sie die Kleinen aus eigener Kraft nicht herausbrachte. Ich kniete ratlos neben ihr, und die Gebärende schaute mich stöhnend und hilfesuchend an. Da sagte mir ein Gedanke, du musst ihr den Bauch massieren. Als ich das tat, kamen sie eins nach dem anderen. Ich machte immer grössere Augen, und am Schluss waren es fünf an der Zahl.

Dieses Ereignis geschah kurz vor unserer Abreise. Wir durften die Tiere aber in die Villa mitnehmen. Sie bekamen einen Ehrenplatz vor dem grossen Parterre-Cheminée. Das Frühstück und Mittagessen nahmen wir im Haus ein. Zu Abend assen wir im Dorf. Auf diese Weise verloren wir am wenigsten Zeit.

An Wochenenden machten wir meistens einen Ausflug in der Umgebung. Eines Sonntags begegneten wir einem Bauern auf dem Maiensäss. Wir diskutierten, und er fragte, was wir im Glarnerland trieben und woher wir kämen. „Aus Zürich", sagte ich, „es gefällt uns alles sehr gut im Glarnerland, aber gesellschaftlich ist es etwas langweilig." Dann fragte ich lakonisch: „Hätt's eigetli kei Fraue da obe?" Er lachte und sagte schlagfertig: „Uf der Alm da gits kei Sünd, wenn kei Zürcher dobe sind."

Die Villa-Geister liessen uns erstaunlicherweise in Ruhe. Vielleicht wurden sie von ihren Vorgesetzten dazu angewiesen oder hatten Angst vor den Hunden. Der Auftraggeber brachte uns persönlich alle zwei Wochen den Lohn. Nach vier Monaten wurde dieses Gastspiel abrupt beendet, weil ihm seine Mutter den Geldhahn zudrehte, da sie nicht wollte, dass ihr Sohn in dieses Geisterhaus einzieht. Das war für uns auch das Signal für den Aufbruch zu neuen Ufern. Ich erfuhr später von der Gemeinde, dass diese Liegenschaft mit Land und Wald für vierzigtausend Franken fast geschenkt hätte erworben werden können.

18-25 Alarmgeräte für Südafrika

Im Konstruktionsbüro des Betriebs für Spezialmaschinen hatte ich gut verdient und konzentrierte mich auf eine Zukunft mit eigenen Entscheidungsmöglichkeiten, ohne Fremdeinflüsse. In den ersten Tagen nach dem vorgängigen Anstellungsverhältnis meldete ich mich auf ein Inserat und vereinbarte sofort eine Besprechung. Ein Schweizer aus Südafrika war auf Geschäftsreise in Zürich. Sein Wunsch war, ein einfaches Alarmgerät nach seiner Vorstellung zu konstruieren. Zehn Tausend Stück sollten fabriziert und über die Spedition Danzas nach Südafrika exportiert werden. Mit diesem Gerät beabsichtigte der Auftraggeber, die zahlreichen Einbrüche vorwiegend auf abgelegenen Farmen zu bekämpfen. Wir vereinbarten einen Pauschalbetrag, den er auf einer Bank sicherstellte. Für den Prototyp wurde eine Vorauszahlung geleistet. Nach Akzeptanz der Funktionstüchtigkeit wurde die Hälfte des Gesamtbetrages für die Seriefabrikation frei gegeben, der Rest nach Ablieferung der Gesamtmenge. Mein Verdienst wurde knapp berechnet, weil Nachbestellungen in Aussicht gestellt wurden. Diese blieben aber aus, da in Südafrika preisgünstiger produziert wurde. Trotzdem machte ich nützliche Erfahrungen und einen guten Start in die Selbständigkeit.

18-26 Das Bündner Spanplattenwerk und der Freizeitausflug

Auf ein Inserat hin habe ich mich dort für die Mithilfe der dringend zu erledigenden Arbeiten gemeldet. Die Konstruktionsaufgaben in diesem interessanten Produktionsbetrieb haben mich zu dem Schritt bewogen. Es war nur für einige Monate. Diese Anstellung gewährte mir jedoch erneut Einblicke in ein mir völlig unbekanntes Gebiet. Die Produktion von Normplatten aus zerspantem Holz war vorwiegend für das Bau- und Schreinergewerbe gedacht.

Das Rohmaterial bestand aus Holz von meist unförmigen und verkrüppelten Baumstämmen, welche als Verarbeitungsmaterial für die Sägereien nicht mehr geeignet waren. Sie konnten nur noch als Brennholz verwertet werden, und an solchem hatte man immer seltener Bedarf, da es finanziell nur wenig einbrachte. Darum entstand die Idee, dieses Holz auf Spezialmaschinen (Spanern) zu zerkleinern, die entstandenen Späne auf andern Grossanlagen zu verleimen und in Normplatten verschiedener Dicke zu pressen. So wurde aus Abfallholz ein vorfabriziertes nützliches Element für Möbel und Hausbau.

Weil diese Technik noch in den Anfängen steckte, musste alles ausprobiert, Erfahrungen gesammelt und die Maschinen immer wieder verbessert werden. Die Baumstämme mussten anfänglich als Normlängen in kleinere Spänten getrennt werden, damit sie in die Spanmaschinen eingeführt werden konnten. Diese Arbeit musste damals noch von Hand mit Spaltkeilen und schweren Vorschlaghämmern ausgeführt werden. Die Arbeiter waren meistens Bergbauern, welche mit Rucksack und Verpflegung ins Tal hinunter stiegen, um für eine kleine Entlöhnung diese mühsame Arbeit zu verrichten.

Ich habe dann eine elektrohydraulische Spaltmaschine konstruiert, mit welcher diese Arbeit einfacher, ringer und viel schneller voranging.

Die meisten Wochenende benutzte ich für Wanderungen oder unternahm Ausflüge mit dem Auto, um mir die Schönheit dieses Kantons anzusehen. Einmal wurde mir das Fahrzeug, mein treuer Begleiter, fast zum Verhängnis, allerdings wieder durch meinen eigenen Übermut. Die ausgebaute Bergstrasse mit einem Tunnelneubau führte kurz nach der Einfahrt in eine Kurve, welche noch nicht signalisiert war. Es war wenig Verkehr, und ich fuhr wieder zu schnell. Die Fliehkraft hat mich an die Tunnelwand geschleudert. An dieser kam ich in einem Winkel von fünfundvierzig Grad zum Stehen. Ich stieg unverletzt aus, konnte aber den Wagen nicht allein auf die Strasse zurück bringen.

Am steilen Hang vor dem Tunnel war der Aufstieg zu den ersten Berggehöften. Ein Bauer auf dem Heimweg hat mich gesehen. Er kannte die Situation und wusste aus Erfahrung, dass mir etwas passieren würde. Er rannte sofort den Hang hinunter, stand nach kurzer Zeit bei mir und meinte eindrücklich, ich hätte ein Riesenglück gehabt. Er habe an dieser Stelle schon schwere Unfälle gesehen und auch schon helfen können. Mit vereinten Kräften brachten wir meinen Fiat wieder auf die Strasse, wo er ja hingehörte. Er lief wieder an. Für dieses Mal kam ich mit dem Schrecken davon. Ich bedankte mich beim hilfreichen Bauern herzlich und besuchte ihn später einmal.

18-27 Projekte und Fernbedienungsanlagen

Nach den vergangenen Lebens- und Berufserfahrungen, entschied ich mich im Alter von sechsunddreissig Jahren für die endgültige Selbständigkeit. Es war die Zeit, als die Gebäudeversicherungen mit der Feuerpolizei neue Vorschriften für mehrstöckige Gebäude erlassen hatten. Im Treppenhaus eines Hochhauses musste ab dem fünften Stock ein Fenster oder in der obersten Etage eine Rauchklappe vom Parterre aus hydraulisch geöffnet und geschlossen werden können. Der Grund war die immer wieder vorgekommenen Rauchvergiftungen bei Wohnungsbränden. Die Leute flüchteten ins Treppenhaus, der Rauch kam hinterher, konnte nirgends entweichen und verursachte Rauchvergiftungen, die bis zum Tode führten.

Solche Anlagen projektieren und installieren war eine relativ einfache Sache, jedoch für mich eine gute Anfangschance. Das geeignete Material konnte man in Deutschland beziehen, weil dort schon solche Anlagen gebaut wurden. Vieles war auch in der Schweiz erhältlich, oder ich konnte es aufgrund erstellter Zeichnungen produzieren lassen. Zur Realisation kleiner Projekte brauchte es wenig Kapital. Also nichts wie los. Aller Anfang ist schwer, und der erste Auftrag musste her. Offerten und Installationszeichnungen mussten den Architekten eingereicht werden, bei denen auch Baupläne eingesehen oder verlangt werden konnten. Auch die Aufträge wurden vorwiegend vom Architekturbüro erteilt. Ich gehörte zu den ersten Unternehmern, die sich auf solche Anlagen spezialisierten. Von den vier ersten eingereichten Angeboten erhielt ich eine Absage wegen fehlender Referenzen sowie wegen meines Einmannbetriebs ohne termingerechte Ausführungsgarantie. Weil es so nicht weitergehen konnte und ich natürlich nicht resignieren wollte, packte ich den Stier bei den Hörnern. In seinem Büro wollte ich vom nächsten Architekten wissen, wie er das ihm geschenkte Vertrauen erlebt hatte. „Denken Sie zurück, als Sie den ersten Auftrag haben mussten und dankbar gewesen waren, dass man Sie berücksichtigt und den Start in Ihre Zukunft ermöglicht hatte. In dieser Lage bin ich heute." Das hatte gewirkt. „Ja, Sie haben Recht. Sie können die Arbeit ausführen. Geben Sie sich Mühe, dann haben Sie den Anfang gemacht und die erste Referenz im Sack."

Die geeigneten Öldruckpumpen waren damals eine Spezialität. Sie wurden zuerst in Deutschland hergestellt, wo ich sie bezogen hatte. Diese Fernsteuerungssysteme konnte man fast beliebig erweitern und auch für andere Bereiche und Zwecke einsetzen, was ich später auch getan hatte. Die Anlagen mussten dann von der Feuerpolizei geprüft und abgenommen werden. Es war eine hektische Anfangszeit bis man einigermassen bekannt war. Auch die Architekten mussten sich anfänglich erkundigen, wer solche Anlagen erstellte. Sie fragten dann bei der Feuerpolizei nach.

Die mehrstöckigen Bauten nahmen in der ganzen Schweiz zu. Es wurde auch immer höher gebaut. Ich kam immer mehr in eine Anspannung, weil ich anfänglich alles selber erledigt hatte. Ich musste Bauausschreibungen studieren, Neubauten besichtigen, Architekten und Bauherren besuchen und mit ihnen die Aufgaben besprechen, Projekte planen, Offerten schreiben, Material beschaffen, Montagen machen, Abrechnungen erstellen usw. Dieses Geschäft, nur in kleinen Systemen ausgeführt, war erfolgversprechend und genügend lukrativ, um eine Existenz als Ein-, höchstens Zwei- oder Dreimannbetrieb aufzubauen. Das habe ich leider ignoriert. Ich liebte das Vielseitige, immer wieder Neue mehr als das Geld.

Im Verlauf der Zeit erhielt ich immer wieder Anfragen zur Erweiterung dieser Systeme, auch für andere Zwecke sowie mit Steuermedium Luft oder Elektro-Teleskopmotoren als Alternativen. Über längere Zeit konnte ich diesen technisch interessanten Verlockungen widerstehen, die eingeschlagene Richtung beibehalten und die mir vorgenommene Strategie verteidigen. Als Konstrukteur haben mich meine eigenen sowie die immer wieder an mich herangetragenen Fremdideen für Neues, Besseres und Moderneres so gereizt, dass ich nicht mehr Nein sagen konnte oder musste, weil es mein Weg war.

Die Anlagen wurden immer grösser und teurer. Ich wurde angefragt, ob man über solche Fernbedienungen auch mehrere Fenster, Klappen, Schieber oder andere Elemente betätigen könne. Ich sagte immer Ja, das sei mit grösserem Aufwand alles möglich. Das war der Anfang von immer komplizierter werdenden Projekten. Mich freute es. Aber weil es immer interessanter wurde, vergass ich die zusätzliche physische und psychische Belastung. Schon bei kleinen Anlagen, die weit weg waren, erhöhte sich der Stress wesentlich. Als Beispiel Romanshorn: Ein zwölfstöckiger Rohbau, in dem natürlich noch kein Lift installiert war. Alles musste hinauf und hinunter getragen werden, möglichst ohne etwas zu vergessen. In der ersten Etappe wurden die Steuerleitungen verlegt. Morgens um vier Uhr Abfahrt in Zürich, nach Ankunft arbeiten bis Mittag, eine kleine Pause für einen Schnellimbiss, durcharbeiten bis zweiundzwanzig Uhr, Rückreise mit hungrigem Magen, weil warmes Essen um diese Zeit unüblich war. Auf dem Heimweg erbarmte sich ein Wirt und servierte mir kurz vor Wirtschaftsschluss noch ein kräftiges, warmes Nachtmahl. Ankunft nach Mitternacht in Zürich. Trotzdem musste ich am nächsten Morgen wieder früh aufstehen.

Es gab auch etliche aufwendige Spezialanlagen, die nach Wünschen der Auftraggeber erstmals ausgeführt wurden, was für mich immer eine grosse Herausforderung und Verantwortung bedeutete, weil sie funktionieren mussten, sonst wäre ich vom Fenster weg gewesen. Das Glück war mir aber immer hold. Ich wurde nie im Stich gelassen. Dass die Kunden zufrieden waren, hat mir auch stets mehr bedeutet als der Gewinn. Ich war immer preisgünstig. Oft musste ich es sein, weil mir Aufträge von bekannten Grossfirmen wegen der Referenzen wichtig waren. Es kam aber auch vor, dass mir ein Architekt sagte, ich solle nur gut rechnen, es werde alles problemlos bezahlt. Zum Beispiel in einer kath. Kirche musste die Belüftung mit der gleichen Anzahl Fenster effizienter sein, worauf ich seine revolutionäre Idee mit einer Eigenentwicklung über Fernbedienung realisierte. Alle Fenster wurden erstmals parallel zur Wand um fünfzehn Zentimeter angehoben, um die Luftzirkulation zu verbessern.

Grössere Projekte wurden auch für die chemische Industrie ausgeführt. Für solche Anlagen mietete ich jeweils drei bis fünf Monteure von einschlägigen Betrieben, weil das Einhalten der Termine Bedingung und äusserst wichtig war, um Konventionalstrafen und Referenzverlusten vorzubeugen.

Beispiele von grösseren Spezialprojekten

18-28 Sandoz

Diese Anlage ist erwähnenswert, weil mit der richtigen Ausführungsvariante die Brandkatastrophe am 1. November 1986 möglicherweise hätte vermieden werden können. Zusätzlich zum Gebäudeschaden wurden auch noch der Rheinfluss verschmutzt und die Fische getötet. Der Sandoz-Neubau zur Medikamentenlagerung war damals das modernste Lagerhaus Europas mit automatischer Medikamentenstapelung. Meine Aufgabe war die Erstellung der Lüftungsanlage mit zwei Hundert auf dem Flachdach ferngesteuerten Lichtkuppeln. Ich schlug vor, das hydraulische Lüftungssystem mit den Rauch- und Feuermeldesensoren der automatischen Sprinkleranlagen zu kombinieren, jedoch umschaltbar auf die separate manuelle Lüftungsbedienung. Diese Variante wurde als zu teuer nicht berücksichtigt. Ich führte dann wunschgemäss nur die manuelle Variante aus. Weitere interessante Anlagen:

18-29 Ciba-Geigy

Lagerhaus und Betriebsmaschinenneubau mit einhundertzwanzig elektrohydraulischen Shetfenstern.

18-30 Brown-Boveri Personalbauten

Grossprojekt mit vierzig Standard-Rauchabzugsanlagen. Es war mein erster grosser Auftrag für Kleinsysteme.

18-31 Siemens

Lager- und Bürohaus mit Luftdruckfernbedienung für Kippflügel.

18-32 Gasverbund Mittelland AG

Ein Projekt der Weltunternehmen Elektrowatt und Motor Columbus für den Pumpenmaschinenraum der Erdgasverteilung. Das Gebäude sieht aus wie ein Bunker mit sehr dicken Mauern. Damit bei einer Explosion nicht das ganze Gebäude in die Luft fliegt, mussten sechs grosse vollautomatisch gesteuerte Stahlklappen in die Mauern eingebaut werden, welche sich bei einer Explosion automatisch öffnen, damit der Druck entweichen kann.

18-33 Parkhaus Hohe Promenade

Eine Brandschutzanlage über mehrere Etagen. Die Sprinkleranlage wurde mit zweiundfünfzig elektrohydraulisch vollautomatisch gesteuerten Lüftungsgittern kombiniert. Im Normalbetrieb sorgen die offenen Gitter für Entlüftung. Im Brandfall werden die Klappen geschlossen, damit das Feuer nicht angefacht, aber durch den Wasservorhang gelöscht wird.

18-34 Kraftwerk im Wallis

Im Generatoren- und Steuerraum montieren von achtzehn Fenstern sowie verschiedenen Klappen und Schiebern für hydraulisch manuelle Bedienung. Zu viert mussten wir nachts arbeiten. Am Morgen war ich sehr müde, habe mich auf das Gehäuse eines laufenden Generators gelegt und bin durch die feinen Vibrationen eingeschlafen. Die Mitarbeiter weckten mich nach kurzer Zeit, damit wir zum Essen gehen und anschliessend die Rückreise antreten konnten.

18-35 Zoo Basel

Der Neubau des Affenhauses war ein weiteres interessantes Projekt. Diesen Tieren sind in der Gefangenschaft zwei Aufenthaltsräume gegeben, der Zuschauer- und Aufenthaltsraum sowie die Schlafboxen. Eine Durchgangsöffnung zu den Schlafboxen wird durch eine kleine Tür (Schieber) verschlossen. Die Nacht oder wenn sie eine spezielle. Krankheit haben, verbringen die Affen im kleinen Gemach. Am Tag werden sie in den grossen Zuschauer- und Spielraum gelassen. Auch vom kleinen Raum aus führt ein Gitter zum Wärtergang, damit sie nicht völlig isoliert sind. Bei der alten Anlage mussten die Schieber mechanisch von Hand über einen Seilzug geöffnet und geschlossen werden. Mit dem neuen System geschieht dies hydraulisch mit Steuerventilen.

In Deutschland war damals die modernste Anlage bereits in Betrieb. Die Leitung des Basler Zoos wollte dasselbe bei ihrem Neubau installieren lassen. Nachdem ich den Auftrag erhalten hatte, schickte mich die Direktion für zwei Tage in den Frankfurter Zoo, um diese Anlage zu besichtigen und mich über eventuelle Probleme zu informieren. Die Wärter, welche die Anlage bedienten, erklärten mir Vor- und Nachteile. Nun lag es an mir, wenn möglich noch etwas Besseres zu planen. Das ist mir auch gelungen. Der Basler Neubau wurde damals zum modernsten in Europa.

Für Monteure und Affen war diese Installation ein gefreutes einmaliges Erlebnis. Es wurde im Wärtergang montiert, und dieser ist nur mit einem Gitter vom Zuschauerraum getrennt. So hatten beide fast Hautkontakt. Die Affen versuchten die Arbeitsbewegungen der Monteure nachzuahmen oder deren Werkzeug zu ergreifen, und die hatten ihre helle Freude daran. Ich ermahnte sie oft, das Arbeiten nicht zu vergessen, damit das Zeitdefizit im erträglichen Rahmen bliebe.

Mit dem neuen Betriebssystem waren Wärter und Affen zufrieden. Die Geschwindigkeit für den Öffnungs- und Schliessvorgang der Schlafboxen-Schiebertüre kann mit dem Ventil-Steuerhebel reguliert und gestoppt werden. Beim Öffnen oder Schliessen des Schlafzimmers springt das Tier meistens nicht in einem Satz durch die Öffnung. Es bleibt zum Beispiel mitten im Durchgang stehen, oder der Schwanz ist noch im Weg. Die Bedienungsstellen für die Schieberbetätigung sind so platziert, dass der Wärter das Verhalten des Affen genau beobachten kann, um ihn nicht zu verletzen.

Leider wurde es ein Defizitgeschäft für mich. Ich wurde schon vor der Offertestellung gebeten, günstig zu rechnen, da der Zoo nicht selbsttragend und auf Gönner angewiesen sei. Die Hauptsponsoren sind die chemische Industrie. Dort ist genug Geld vorhanden, und der allgemein beliebte „Zolli" würde nie im Stich gelassen. Als Trostpflaster für den entgangenen Gewinn wurde mein Name auf der Sponsorentafel aus Marmor eingraviert.

18-36 Der Salto Mortale

Es war in der Zeit meines Auftrags für den Zoo-Neubau. Die Termine mussten eingehalten werden, um eine Konventionalstrafe zu vermeiden. Mit der Materialbeschaffung klappte im allgemeinen alles recht gut bis auf die Steuerventile, weil der deutsche Lieferant mit der Produktion im Rückstand lag. Meine Monteure brauchten diese aber dringend, damit die Montagearbeiten nicht unterbrochen werden mussten. Als meine Ventile fertig produziert waren, hätte die Auslieferung mit allen Umtrieben noch Tage gedauert bis diese auf der Baustelle eingetroffen wären.

Also entschloss ich mich, die Steuerventile mit dem Auto in Frankfurt abzuholen. Das war dem Lieferanten natürlich recht, weil er unter Zeitdruck stand und so noch die Verpackung sparen konnte. Am Morgen in der Früh fuhr ich mit meinem schnellen Volvo GT Richtung Basel los. Auf dem Weg zur Grenze wurde die Strasse kurz zuvor in einer lang gezogenen Kurve breiter ausgebaut. Diese zog sich einem hohen steilen Bord entlang. Da ich am Abend wieder zurück auf der Baustelle sein wollte, fuhr ich mit hundertsiebzig Km/h viel zu schnell. Der Wagen scherte in der Kurve aus, raste die steile Böschung hinauf, überschlug sich in der Luft, rollte den Hang hinunter, touchierte mit dem Dach die

Strasse, drehte sich nochmals und stand auf der andern Seite wieder auf den Rädern.

Ich stieg unverletzt aus, schluckte zweimal leer, schaute die Bescherung an und sagte, du musst trotzdem sofort nach Frankfurt. Es war noch sehr früh am Morgen, und es hatte noch keinen Verkehr. Aber schon nach einigen Minuten hielt neben mir ein Auto. Der Lenker stieg aus, sagte selbstsicher und erfahren: „Ich helfe Ihnen. Der Wagen muss sofort verschwinden von hier. Wenn die Polizei kommt haben Sie eine Busse und ein Verfahren am Hals. Sie müssen damit rechnen, dass ein nachfolgender Fahrer die Polizei anruft, wenn er das demolierte Auto sieht."

Er fuhr mich in die zwei Kilometer an der Strasse zurück liegende Garage und verabschiedete sich. Diese wollte gleich öffnen. Angestellte holten sofort meinen Wagen. Unterdessen verhandelte ich mit dem Chef über einen Mietwagen. Eine halbe Stunde später fuhr ich mit einem schnellen BMW wieder Richtung Frankfurt. Meine Versicherung regelte alles. Der Volvo war erst ein Jahr alt. Ich wollte ihn aber nicht mehr. Die Garage hatte ihn wieder flott gemacht und erst noch einem Polizeichef verkauft. Eine Woche später brachte ich den Mietwagen zurück. Diese Panne war mir eine deutliche Warnung in meiner Autogeschichte. Ich war noch nicht bekehrt, habe mir aber einiges gemerkt und mein künftiges Fahrverhalten danach ausgerichtet.

18-37 Technik in der Bildergalerie

Die sehr teuren Originalbilder wurden unterirdisch gelagert. Ich versah den grossen Einstiegsbodendeckel mit dem damals modernsten Elektro-Teleskopzylinder. Heben und Senken war nur über einen Geheimschalter möglich.

18-38 Beleuchtungen

Nach den bis anhin geschilderten Lebenserfahrungen hatte ich das Verlangen nach einer Tätigkeit, welche weniger vom Verkehrsstress abhängig war. Für die auswärts auszuführenden Arbeiten ist eine entsprechende Mobilität jedoch unerlässlich, die aber den ohnehin vorhanden Druck noch vergrössert.

Deshalb entschied ich mich für Aufgaben in der Beleuchtungsbranche. Den entscheidenden Anstoss dazu gab mir ein älterer Herr, den ich schon längere Zeit kannte. Er wusste, dass ich aufgeben wollte und sagte eines Tages: „Das wäre doch etwas für dich!" Er möchte sich auch aus Altersgründen nicht mehr länger damit befassen. Es waren Leuchtkörper für Gewerbe und Industrie, die man noch wesentlich ausbauen und modernisieren konnte, was ich dann auch tat.

Die Geräte wurden auf den geschützten Namen „Sunstar" getauft, worauf ich mich intensiv mit deren Verbesserung, Fabrikation und Verkauf beschäftigte. Bald erfuhr ich auch, dass die Konkurrenz vom Ausland her sehr gross war. Es gab mehrere Unternehmen, welche die Schweiz mit billigen Ausführungen zu konkurrenzlosen Preisen belieferten.

Weil meine Modelle ästhetisch besser gefielen und in der Anwendung mehr Möglichkeiten boten, fand ich trotz höheren Preisen eine anspruchsvollere Kundschaft. Ich erhielt an der internationalen Erfindermesse eine Auszeichnung (Silbermedaille).

Für die Standardmodelle war der hiesige Markt zu klein, und für den Export waren sie zu teuer. Ein Finanzkaufmann wurde auf meine Lampen aufmerksam. Er finanzierte und organisierte Entwicklung, Prüfung, Fabrikation sowie den Verkauf für den USA-Markt.

Wir besuchten asiatische Länder und Fabriken, um elektronische Teilchen preisgünstig produzieren zu lassen. Der erhoffte durchschlagende Erfolg blieb jedoch aus, weil die Geräte zu aufwendig konzipiert waren, weshalb der Preis zu hoch ausfiel. Der USA-Vertreter hatte sich getäuscht. Bei den Grossabnehmern kam nur das preisgünstigste Produkt in Frage. Die ihnen präsentierte zu teure Leuchte wurde dann in den USA statt in der Schweiz in Kleinserien für eine anspruchsvollere Kundschaft produziert.

Ich schlug sodann eine Neuentwicklung vor, deren Kosten auch für die grössten Preisdrücker akzeptabel gewesen wäre. Die Herstellung wäre weitgehend vollautomatisch abgelaufen, die Werkzeugkosten wären jedoch sehr hoch gewesen. Er sah keine Möglichkeit mehr, so viel zu investieren und verzichtete auf das Geschäft mit den Grosskunden. Auch seine Begeisterung für exklusive Kreationen hatte nachgelassen. Die Auslanderkundigungsreisen waren trotzdem interessant und aufschlussreich und erweiterten den Horizont.

Das Leben und die Frauen

18-39 Tamara

Der Goldschatz. Diese Ungarin war der Wirbelwind in der Adventisten-Schule und galt als beste Kolporteurin. Sie verdiente das Schulgeld spielend und konnte erst noch Ferien machen bevor das Studium wieder begann. Sie war ein immer fröhliches, faszinierendes Phänomen. Ihre Ausstrahlung war betörend, die Leute waren wie verzaubert und kauften alles, was sie anbot. Sie legte alle schachmatt. Es konnte ihr niemand widerstehen.

Bevor ich kam, war sie schon zwei Jahre da. Am Ende ihres dritten bzw. am Ende meines ersten Jahres, vereinbarten wir, uns in Genf zu verabschieden. Ich fuhr zwei Stunden früher, weil ich noch eine Besorgung machte.

Zur vereinbarten Zeit erschien sie nicht. Nach einer Stunde war sie immer noch nicht da. Nach zwei Stunden war ich fast am Verzweifeln. Dessen ungeachtet sagte ich mir, das kann doch nicht sein, sie muss kommen. So wartete ich weiter. Dann endlich die Erlösung. Sie kam wie ein Düsenjet, die fesche Tamara, mit ihren pechschwarzen Haaren und wie

Diamanten funkelnden Augen. Sie war ganz einfach verspätet. Sie hatte das Tram verpasst.

18-40 Jasmin

Die weisse Orchidee mit dem roten Bubischnitt. Sie war siebzehn und die erste grosse Liebe.

Mit zwanzig Jahren trat ich in Zürich meine erste Stelle an. Bei ihrer schon etwas gebrechlichen Grossmutter war ich Zimmermieter. Mutter und Tochter kamen zwei Mal pro Woche gegen Abend zu Besuch und kochten dann gleich für alle. So lernte ich sie beim Essen kennen.

Die Frauen unterhielten sich jeweils noch bis zirka einundzwanzig Uhr. Weil für Jasmin das Gespräch der älteren Damen wohl nicht besonders faszinierend war, entfernte sie sich gern, um angeblich zur Küchenhilfe (auch eine ältere Frau) oder aufs WC zu gehen. Das hörte ich natürlich, ging in den Korridor und winkte ihr, sie solle in mein Zimmer kommen. Auf diese Gelegenheit hatte sie auch hoffnungsvoll gewartet. Der Haushalthilfe war das egal, aber ihrer Mutter nicht unbedingt. Wenn Jasmin verdächtig lang weg war, ging die Stubentür auf, und es tönte: „Jasmin, wo bist du?" Sie öffnete sofort meine Zimmertür und erzählte der Mutter: „Herr Haller kann so gut zeichnen und malt sehr schöne Bilder. Er hat mich nur gefragt, ob sie mir gefallen. Komm herein ins Zimmer und schau sie dir doch selber an."

So fing alles an, zwei Mal in der Woche kam sie allein auf Besuch. Wir mussten auch Tricks anwenden, damit wir uns treffen konnten. Zum Glück war da die liebe Grossmutti. Sonst durfte sie nirgends allein hin. Sie wurde oft ermahnt: „Aber du gehst dann nicht ins Zimmer von Herrn Haller." „Ach Mutti, was denkst du auch, der hat doch gar keine Zeit, er muss ja abends in die Segelfluggruppe. Sie bauen selber ein Flugzeug."

In meiner Verliebtheit widmete ich ihr ein langes Gedicht, aber leider kann ich mich nur noch an den nachstehenden Auszug erinnern: *„So einsam und verlassen wie diese Blume stand, so standen wir im Leben bis Herz zu Herz sich fand. Ein Leben voller Liebe, voll Glück und Sonnenschein, das schenkte mir das schöne herzliebste Mägdelein. Wir haben uns gefunden in schicksalsschweren Stunden, wo Gott lässt walten seine Macht über der Menschheit finsteren Entscheidungsschlacht."*

18-41 Eva

Die reiche Mütterliche. Sie servierte in der Kantine eines Grossbetriebs, wohin ich meinem Freund mit dem Auto etwas transportierte. Wir gingen dann noch etwas trinken. Als sie uns bedient hatte, sagte ich zu ihm: „Diese Frau gefällt mir, da gehe ich wieder einmal hin." „Das kannst du ihr doch gleich sagen, wenn wir bezahlen, dann weisst du auch, ob sie interessiert ist", entgegnete mein Freund. Ich erwiderte: „Das macht nie den besten Eindruck, mit der Türe ins Haus zu fallen, da denkt doch jede, der macht das bei allen so, wenn ihm eine gefällt." Etwas später beim Bezahlen äusserte er zu ihr: „Fräulein, Sie gefallen meinem Freund." Sie lachte, musterte mich, und gestand: „Er mir auch." Sie schrieb ihre Telefonnummer auf einen Zettel und rannte weg, weil es viele Gäste hatte. Mein Freund, befriedigt über seine erfolgreiche Tat, sagte: „Siehst du, so einfach ist das." Ich erwiderte nur: „Nicht in jedem Fall." Nach ihrer Schilderung war sie kaum drei Wochen frei, und das hätte sich täglich ändern können, weil dort auch viele Passanten verkehrten.

Schon nach dem ersten Treffen demonstrierte sie ihre finanzielle Unabhängigkeit. Wir gingen zu einem exklusiven Nachtessen. Sie lud mich ein und bezahlte alles. Ich hatte nicht viel freie Zeit, holte sie trotzdem zwei Mal pro Woche ab, und an ihrem freien Tag kam sie direkt zu mir. Sie wollte gut essen und lud mich immer ein. Es komme nicht in Frage, dass ich bezahle, bei ihr sei das Geld kein Problem, sie arbeite nur als nützlichen Zeitvertreib. Damit ich das Gesicht wahren konnte, schob sie mir unter dem Tisch immer hundert Franken zu, damit ich der zahlende Gentleman war. Schon nach zwei Monaten war mir klar, weshalb sie so grosszügig war. Sie wollte möglichst bald heiraten. Aber das passte mir gar nicht ins Konzept und stimmte sie sehr traurig.

Es war immer dasselbe. Zu einer Bindung oder abrupten Schwenkung, die mich von meinem Weg abbrachte, konnte ich mich nie entschliessen. Sie sah bald ein, dass sie ihren Willen nicht durchsetzen konnte. So trafen wir uns immer seltener, und nach weiteren zwei Monaten war das Gastspiel zu Ende.

18-42 Tina

Die vermeintliche Perle sass auf einem Spaltstock bei einem Freund in seiner Antiquitätenwerkstatt, als ich sie zum ersten Mal sah. Um ihren Scheidungsfrust los zu werden, hat sie ihn als Nachbarin oft für einen Gedankenaustausch besucht. An einem solchen Tag kam auch ich vorbei, um seine Arbeiten zu bewundern.

Weil Tina mich faszinierte, kamen wir ins Gespräch, das in einer baldigen Beziehung endete. Ihr siebenjähriger Sohn war sehr eigenwillig, akzeptierte mich jedoch bald. Wir leisteten uns manchen Spass, wobei auch das Mami ins Visier genommen wurde. Sie durchschaute uns aber bald und bemerkte jeweils zu mir: „Hast du ihm das wieder gesagt?"

Meiner Dobermannhündin gefiel es bei ihr auch. Wir verbrachten gemeinsame Ferien in den Bergen, weil alle die Natur und das Wandern liebten. Ein fataler Übermut in der Sommerhitze brachte mir unangenehme Folgen. Am Ziel der Reise tauchte ich noch verschwitzt ins eiskalte Wasser im Quellgebiet eines Bergflusses. Die Schockwirkung durch den grossen Temperaturunterschied durchtrennte mir den Nerv unter dem rechten Schulterblatt komplett, was eine Lähmung des Muskels zur Folge hatte, weshalb das linke Schulterblatt zehn Zentimeter vom Rücken abstand. Weh tat es nicht. Die Verunstaltung sah aber komisch aus. In der Universitätsklinik vernahm ich, dass es in der ganzen Schweiz nur zehn bis zwölf solche Fälle pro Jahr gebe. Das Schulterblatt könne man operativ annähen oder zwei bis drei Jahre warten, bis der Nerv wieder von selber zusammengewachsen sei. Für einmal hatte ich Geduld, und nach zwei Jahren war es soweit.

Astrologisch gesehen passten Tina und ich nicht zusammen, was sich dann auch bewahrheitete. Aber in der Phase der Verliebtheit will man das nicht wahrhaben. Trotzdem wünschte sie sich von mir ein Kind. Als es bald soweit war, wollte sie es plötzlich nicht mehr und liess es entfernen. Für den Eingriff war es nach der Regel fast zu spät. Der Arzt sah werdende Zwillinge. Über Tinas Entschluss war ich sehr betroffen. Dies war ein zusätzlicher Grund für das nachfolgende Auseinanderleben. Wegen gegenseitig mangelnder Toleranz und Verständnis für die Probleme des andern, gab es auch immer wieder Spannungen und Vorwürfe, zum Beispiel wenn ich geschäftlich sehr belastet war und vergass, ihr zu telefonieren, dass ich nicht zum Essen komme, oder wenn sie eigenmächtig etwas organisierte und ich dann vor vollendete Tatsachen gestellt wurde. Für meine Unachtsamkeiten konnte ich mich aber auch entschuldigen, von ihrer Seite hörte ich nie ein solches Wort. Derartige

Vorkommnisse sind dann meistens die Gründe für das Ende einer Beziehung, wenn man den Willen zur gegenseitigen Verständigung nicht aufbringt.

18-43 Bahnhofbrücke, Augen geöffnet

An einem Sommernachmittag hatte ich es eilig, um zu Fuss in den Zürcher Hauptbahnhof zu kommen. Mitten auf der Brücke wollte ich zur Abkürzung die Strasse überqueren, weil es wenig Verkehr hatte. In der Eile habe ich die immer allgegenwärtigen Gefahren vergessen und war mit den Gedanken schon anderswo. Als ich den Fuss vom Trottoir auf die Strasse setzen wollte brauste ein Auto heran, das ich aber weder gesehen noch gehört hatte, weil ich ja gedanklich abwesend war. In diesem verhängnisvollen Moment der Unachtsamkeit packte mich jemand mit festem Griff am Jackenkragen, riss mich zurück, und das heranbrausende Auto löste eine Vollbremsung aus. Zu tiefst erschrocken drehte ich mich um, wollte mich beim Retter bedanken, aber es war niemand da. Auf der ganzen Trottoirlänge war niemand zu sehen. Es hätte ja einer unmittelbar hinter mir stehen müssen.

Jetzt haben die Psychoanalytiker oder andere Verhaltensforscher das Wort. Diese haben erfahrungsgemäss für alles eine Erklärung, auch wenn es keine gibt, weil das Vorgefallene nicht eindeutiger sein kann. Wer ehrlich gesteht, nicht alles erklären zu können, muss sich eben demütig und mit Ehrfurcht auf die Stufe des Glaubens herablassen und zugeben können, dass eben doch eine Macht mit seinen unsichtbaren Dienern seit Anbeginn der Menschengeschichte am Werk ist und allgegenwärtig sein kann.

Warum Hilfe nicht in jedem Fall eintrifft oder ein Verbrechen verhindert wurde, habe ich schon unter *„Schicksal und Karma"* versucht zu erklären. Weil uns die vorgängigen Leben verschlossen bleiben, ist es schwer, erlittenes Leid zu verstehen. Mein Leben ist auch ein Rätsel. Weshalb musste ich ganz unten durch, obwohl ich es hätte anders haben können? Ich war oft der Verzweiflung nah, verleugnete aber Gott nie und glaube, dass mir in vielen Belangen die Augen geöffnet wurden, wofür ich dankbar bin. Es wird auch niemand privilegiert, alle müssen ihren Weg zu Ende gehen. Die Augen wurden mir geöffnet, das heisst ganz einfach, dass ich durch Ereignisse und Erfahrungen erkennen durfte, dass es Gott gibt und er in den Herzen fest verankert sein möchte.

18-44 Die Atomexplosion

Nach dem Angriff der Japaner auf die amerikanische Kriegsflotte, und der Zerstörung fast aller Schiffe im Hafen von Pearl Harbor am 07.12.1941, war die Welt sprachlos. Nach dieser Kriegserklärung sagte der amerikanische General McArthur an die Adresse der Japaner nur die verhängnisvollen Worte: „Wir kommen wieder." Die Vorbereitungen für den Gegenschlag liefen auf Hochtouren und waren höchst geheim. Eines Nachts, vor dem USA Angriff vom 06.08.1945, sah ich in einer Sekundenvision zwei Explosionen mit pilzförmig aufsteigendem Rauch und darunter zwei zerstörte Städte.

Ich konnte mir am andern Tag nicht vorstellen, was das zu bedeuten hatte. Da ich auch gedanklich nichts mitbekommen habe, hielt ich dies nur für einen komischen Traum, wie solche bei allen Menschen vorkommen, um so mehr, da ich generell keine Vorahnungsvisionen hatte, weil mir Offenbarungen nur in Gedanken übertragen wurden. Drei Tage später ging die Nachricht um die Welt, dass die USA über die Städte Hiroschima und Nagasaki erstmals Atombomben abgeworfen hatten.

Laut damaligen Presseberichten waren die Zerstörungen fast vollständig. Nur wenige Bauten hielten den Druckwellen beschädigt stand. Aber eine Kirche blieb einsam, mitten in den Trümmern ganz unversehrt stehen. Ich habe 1970 anlässlich meines Japanaufenthaltes Hiroschima besucht, und diese Kirche war noch da. Für viele Gläubige dürfte das nicht nur ein interessanter Zufall gewesen, sondern ein wichtiger Hinweis auf eine existierende, noch viel grössere Macht sein, welcher ja nur zum eigenen Heil mehr Beachtung und Akzeptanz gebührt.

18-45 Tauchen im Roten Meer

Manch einer braucht keine Weltreise zu machen, um an eines der schönsten Gebiete der Welt für diesen Sport zu gelangen, weshalb ich mir dieses Vergnügen dort auch mehrmals geleistet hatte. Die Tages- und Nachttemperatur ist ideal und sehr angenehm. Es gab auch immer wieder neue Erlebnisse. Die Korallenriffe waren im Vergleich zu andern Orten noch gut erhalten.

Ich hatte viel Kontakt mit einem Taucher, der sich nach vierjährigem Dienst auf einem amerikanischen Flugzeugträger für diese Gegend als Wahlheimat entschied, in einer Felsenhöhle eine romantische Wohnung einrichtete und Arbeit bei den Tauchcentern fand. Da er die ganze Welt bereist hatte, spürte er bald, welches Klima ihm für längere Zeit am besten behagte.

Die Ausflüge in die Wüste Sinai zu den gastfreundlichen Beduinen war auch immer ein besonderes Erlebnis. Einmal schlachtete eine Beduinenfamilie zu Ehren unseres Besuches ein Schaf und servierte das Mahl am Boden auf einem Holzbrett. So sassen wir einträchtig bei der Wellblechhütte und rauchten die Friedenspfeife.

Die noch angenehmere Überraschung in den Sinaibergen war der steile Aufstieg zu einem kleinen Plateau mit einer palmenbewachsenen Wüstenoase, einem glasklaren Wasserloch und den anwesenden Beduinen mit ihren Kamelen.

Eine Übernachtung im Wüstensand am Meer, ein Nachttauchgang sowie eine kulinarische Überraschung waren Höhepunkte. Der Koch und Cheftaucher sagte, er hole uns jetzt das Nachtessen und bereite es nach geerbtem altem Rezept zu, so wie wir es nirgends erhalten werden. Nach relativ kurzer Zeit kam er zurück mit zwei grossen harpunierten Barracudas. Unterdessen wurde ein provisorischer Unterstand mit Schilfdach und Kochgelegenheit vorbereitet. Der Koch ging ans Werk, zauberte aus den Fischen ein so köstliches, schmackhaftes Mahl auf den Tisch, wie ich es bis heute nie mehr genossen habe.

Ein tiefberührender Ausflug ging auf den Sinaiberg Horeb, auf dem Gott mit Moses gesprochen und sich ihm als einzigem Menschen in wie in weiter Ferne sichtbaren verschleierten menschlichen Konturen offenbart hatte.

Dann ging es wieder zum Tauchen, und dieses riskante Manöver werde ich nie vergessen. Zu zweit bereits auf 40 Meter tiefe am Auslauf des Korallenriffs, sah ich im glasklaren Wasser fast am Ende der weiter absinkenden schneeweissen Sandbank eine schwarz scheinende Koralle. Es war ein hoher eigenartiger Strauch mit grossen faszinierenden Blättern. Ich gab meinem Partner Zeichen zum tiefer Abtauchen. Er sagte Nein. Für mich war aber der Reiz zu gross. Ich konnte der Versuchung nicht wiederstehen und tauchte allein ab. Vor der Koralle kniete ich nieder, streichelte ihre Blätter und sinnierte, ist das etwas Schönes, ist das etwas Schönes. Ein unbeschreibliches Wonnegefühl übermannte mich, und aus der Ferne ertönte liebliche Musik. Der Tiefenmesser zeigte siebzig Meter. Erschrocken erinnerte ich mich, das ist der Tiefenrausch. Ich warf den Bleigurt ab, blies die Tarierund Rettungswesten auf und stieg panikartig auf fünfzig Meter. Nach viel zu kurzem Dekohalt versuchte ich, höher zu steigen. Ich wusste aber nicht mehr, wie ich unversehrt aus dem Wasser gekommen war.

Es war aber klar, dass etwas Seltsames passiert und mein Retter nicht der Tauchpartner war. Der war allein aufgestiegen, empfing mich oben mit einer Moralpredigt und sagte: „Dich hat ein Schutzengel begleitet!" Es sei absolut unmöglich, aus dieser Tiefe ohne Dekohalte unversehrt herauszukommen. Er hätte mich nicht geholt und sein Leben riskiert, wenn ich im Tiefenrausch gekippt wäre. Er habe mir oben bei der Tauchgangsbesprechung erklärt, dass wir uns das Riff in verschiedenen Tiefen gemütlich anschauen und auf maximal vierzig Meter Tiefe abtauchen würden.

Ewas Amüsanteres in einem andern Jahr während den Tauchferien am Roten Meer war folgendes: Nach dem Tauchgang der ganzen Gruppe folgte eine kleine erste Besprechung, dann wurde der Tauchanzug gereinigt und aufgehängt. Anschliessend freute man sich, auch den Körper im Duschenraum vom Salzwasser zu reinigen.

Wir waren eine Gruppe von zwölf Leuten, dabei auch ein junges, verheiratetes Paar. Sie war zwanzig, er fünfundzwanzig Jahre alt. Ich war fünfzig. Sie unterhielt sich immer gern mit mir, um das Fachsimpeln der Taucher nicht mitanhören zu müssen. Sie tauchte auch nicht immer, manchmal blieb sie an Land.

Eines Nachmittags nach einem Tauchgang wurde noch angeregt diskutiert. Sie stand direkt neben mir, unsere Tauchanzüge hingen schon am Seil zum Trocknen. Ihr Mann hatte sich im Gespräch mit einem andern Taucher etwas entfernt. Plötzlich sagte sie zu mir: „Komm, Erich, wir gehen duschen, dann haben wir mehr Platz. Die sollen ruhig weiter plaudern." Unauffällig gingen wir in den nahegelegenen Duschenraum, zogen die Badehosen aus, und lustig rieselte das Wasser auf die braungebrannten Körper nieder.

In der Zwischenzeit wurde sie von ihrem Mann vermisst. Er hatte sie gesucht. Nach kaum fünfzehn Minuten stand er, wie auf die Welt gekommen, unter dem Duschen-Eingang und rief: „Das ist schon das Maximum. Chömed alli cho luege, was mini macht, sie verfüehrt no dr Erich. Die gönd heimlich und elei füdliblutt go dusche. Chömed alli go luege, ihr sind grad Züüge!"

Unter allgemeinem Gelächter sagte sie zu ihm: „Wir brauchen dich doch gar nicht zum Duschen. Wir sind gleich fertig, dann darfst du auch hinein mit deinen Freunden und hast erst noch mehr Platz."

18-46 Hüftgelenkoperation, der Engel in der heiligen Nacht

Diese Operationen verlaufen nicht immer problemlos, obwohl sie zu den Routineeingriffen der Chirurgen zählen. Im Jahr 1993 wurde sie bei mir ausgeführt. Ich hatte schon etwas Bedenken, weil mir Bewegung und ein gesunder Körper immer wichtig waren. Was einem auch nicht bewusst ist, ist das wieder gehen Lernen fast wie bei einem Kind, und da ging bei mir das Gejammer los. Wenn die Therapieschwester ins Zimmer kam und rief: „Herr Haller, auf in den Kampf!", übermannte mich schon eine totale Hilflosigkeit. Auf dem Gang sah ich andere Patienten bei ihren Gehversuchen. Trotzdem mich die Schwester fest im Griff hatte, sprudelten meine Bedenkensäusserungen auf sie ein: „Ich glaube nicht, dass ich je wieder richtig gehen kann, die anderen Patienten können es doch alle viel besser, ich bin der Schlechteste." So nervte ich die liebe Schwester täglich bis sie sagte: „Die können es nicht besser, und zudem sind alle schon länger da als Sie. Ich sollte es ja nicht sagen, sonst werden Sie übermütig bei ihren Fortschritten. Sie sind nicht der Schlechteste, Sie sind der Beste, also trotzdem Vorsicht!"

Nachdem ich wirklich rasch gute Fortschritte machte, durfte ich allein mit zwei Stöcken weiter üben. Aber jedes Mal, wenn die Schwester zur Kontrolle und weiteren Instruktionen auftauchte und mein Fortkommen lobte, ermahnte sie mich auch gleichzeitig: „Herr Haller, machen sie mir bitte keine Kapriolen."

Nach den Therapiewochen in Zurzach ging es dem Jahresende zu. Ich musste immer noch zwei Stöcke benutzen. Obwohl es für mich eine spezielle Anstrengung und eigentlich noch zu früh war, entschied ich mich am Heiligen Abend, auf den geliebten Uetliberg zu wandern, da würde ich sicher keinem Menschen begegnen und könne die Einsamkeit geniessen. Dieser Entschluss war wegen der grossen Anstrengung schon etwas übermütig. Der Aufstieg war mühsam und beschwerlich, aber die Stimmung wunderschön. Es war eigentlich dunkel, doch wegen der verschneiten Landschaft noch genug hell, um den Weg gut zu erkennen. Ich musste immer konzentriert sein und gut aufpassen, denn bei einem Sturz hätte ich kaum mehr aufstehen können, und wenn das neue Gelenk dabei ausgehänkt hätte, sowieso nicht. Dann hätte ich hilflos mit fast unerträglichen Schmerzen auf dem Boden gelegen.

Ungefähr nach der Hälfte des Weges musste ich aufgeben und an den Rückweg denken, damit ich überhaupt die Chance hatte, wieder heil nach Hause zu kommen. Der Abstieg war noch beschwerlicher.

Kaum begonnen, starrte ich nur noch auf den Weg, um keinen Fehltritt zu machen. Plötzlich hörte ich eine Stimme, es werde mir nichts passieren. Ich schaute auf. Eine Lichtgestalt flog an mir vorbei und löste sich auf. Im Moment des Geschehens erhellte sich die Umgebung so stark, dass ich geblendet wurde. Zwei Stunden später langte ich abgekämpft zu Hause an und bedankte mich für dieses eindrückliche Erlebnis ohne geschmückten Tannenbaum und Weihnachtsrummel.

18-47 Prostataoperation

Sie will ich noch vorstellen, weil meine Erfahrung anderen Betroffenen einen wichtigen Verhaltenshinweis bieten könnte. Die Symptome spürt jeder vielleicht etwas anders. Es ist ratsam, sich über verschiedene Beschwerdemöglichkeiten zu informieren. Wenn sich der gestörte Harnfluss einstellt, muss das Trinkverhalten beachtet werden, damit nicht dasselbe passiert wie bei mir. Bei durch die Prostata verengtem Harnleiter sollte man keinen Alkohol mehr trinken, vor allem nicht durcheinander. Das kann dann den Harnfluss komplett unterbinden und schlimme Folgen haben. Ich hatte noch Glück.

Vier Wochen vor dem Operationstermin hatte ich geschäftlich eine Zusammenkunft, dabei wurde auch noch etwas gefeiert. Zuerst wurde der Durst mit Bier gelöscht, dann kam der Aperitif, anschliessend das Mittagessen mit Wein, später ein Dessert mit ausreichend Kaffeekirsch. Auf dem Heimweg ging es durch einen Wald. Plötzlich stellte sich ein starker Harndrang ein. Ich musste parkieren, rannte in den Wald hinein, wo ich bei einem Baum stehend hoffte, das Geschäft erledigen zu können, hatte aber Pech. Ich stand da, fast eine halbe Stunde, der Drang wurde immer stärker, war kaum mehr auszuhalten. Es war zum Verzagen. Ich dachte, die Blase platze jeden Moment. Schmerzgepeinigt rief ich in den Wald hinein: „Lieber Gott, so hilf mir doch!" Dann endlich kam die Erlösung, aber nur Tröpfchenweise. Ich musste nochmals zehn Minuten ausharren und war schweissgebadet bis sich die Blase soweit entleert hatte, dass ich nach Hause fahren konnte.

Das war mir eine Lehre, womit ich hoffe, anderen von dieser Krankheit Betroffenen mit diesen Hinweisen gedient zu haben. Es gab damals vor fünfundzwanzig Jahren zwei Operationsmöglichkeiten: Der grosse und der kleine Eingriff. Beim kleinen Eingriff wird durch die Harnröhre mit einem Schlingenmesser gearbeitet. Bei der grossen Oparation wird der Bauch geöffnet, um das Gewächs zu entfernen. Die bei mir vollzogene kleine Operation verlief problemlos. Eindrücklich ist noch, dass man im Spital mehrere Tage einen Rollenständer vor sich her schiebt, an welchem Tropfinfusionsflasche und Urin-Sack hängen. Damit die Wunde wieder ausheilen kann wird der Urin über einen Katheter direkt in den Plastiksack geleitet, den man dann im WC selber leeren muss.

Die Prostata wächst aber in den meisten Fällen in einigen Jahren wieder nach. In noch nicht absehbarer Zeit dürfte es auch bei mir wieder soweit sein. Mann sollte auch bedenken, dass nicht alle diese

Eingriffe folgenlos verlaufen und dankbar sein, wenn das Glück hold war.

18-48 Leistenbruchoperation

Im Alter von fünfzig Jahren wurden beide Leisten operiert. Es war ein Misserfolg, weil die Nähte wegen einer Infektion sechs Monate lang nicht verwachsen konnten. Es folgte eine zweite Operation, welche problemlos verlief. Aber die Nähte sind auch diesmal wieder gerissen, worauf sich grosse Knoten bildeten, sodass ich ein Bruchband tragen musste, was ich aber nur ein Jahr aushielt, weil dieses bei sportlichen Tätigkeiten sehr behindernd war. Vor einer dritten Operation hatte ich grosse Angst, weshalb ich diese Unannehmlichkeit so lang in Kauf nahm. Da ich das Bruchband unbedingt los werden wollte, setzte ich alle Hebel in Bewegung, um einen erfahrenen Unterleibsspezialisten zu finden, und ich hatte Erfolg.

Die Untersuchung zeigte, dass dem Chirurgen eine heikle Operation bevorstand. Er meinte, es sei so schlimm, dass zwei Operationen notwendig seien, weil er nur eine Leiste nach der andern operieren könne, sonst bestehe Lebensgefahr. Ich bekäme starke Medikamente gegen eine mögliche Embolie. Es werde mir die erste Zeit nach der Operation auch nicht sehr gut gehen. Weil ich darauf drängte, einigten wir uns auf eine Operation. Ich wollte das Risiko eingehen und sagte zum Arzt, wenn meine Uhr abgelaufen sei und ich sterben müsse, könne das auch bei der ersten oder zweiten Operation passieren.

Die Tage nach der Operation waren fatal und schwer zu beschreiben. Zu den anfänglichen Schmerzen war kein Funke Lebenswille vorhanden. Jedes Mal, wenn eine Schwester ins Zimmer kam, sagte ich zu ihr,: „Bitte geben sie mir etwas zum Sterben. Ich möchte nicht mehr leben." Sie erwiderte immer: „Herr Haller, jetzt wird noch nicht gestorben, Sie werden wieder gesund." Tatsächlich ab dem elften oder zwölften Tag ging es mir plötzlich jeden Tag besser, und nach zwanzig Tagen konnte ich das Spital verlassen.

18-49 Schlaganfall

Jahrzehntelange falsche Ernährung hat seinen Preis. Erst wenn das Unvermeidliche passiert ist, wird man sich dessen bewusst. Leider sind viele Menschen berufsbedingt auf Restaurants angewiesen, die nicht die ideale Nahrung bieten. Es gibt aber auch Berufstätige, die könnten es anders haben. Jedoch aus Unwissenheit oder Bequemlichkeit wird das Übel nicht erkannt. Deshalb wird auch die Essgewohnheit nicht geändert.

Im Magen zur Gärung kommende Speisen und Getränke, zu viel Fett, Salz, Fleisch, Kaffee, Alkohol und Süssigkeiten sind die grössten Feinde der Gesundheit. Diesen bin ich auch zum Opfer gefallen. Für genügend Bewegung war ich immer besorgt, aber das allein genügt nicht. Ernährung und Bewegung müssen in einer gewissen Harmonie stehen.

Es gibt Warnzeichen eines drohenden Schlaganfalls, über die man sich informieren sollte, um sofort entsprechende Massnahmen einzuleiten. Wenn sich ein solches einstellt, sollte man sofort einen Arzt aufsuchen. Hätte ich dies in meinem Fall nicht versäumt, hätte mich der Schlag nicht getroffen.

Die Alarmzeichen haben sich bei mir zwei Monate vor dem Ereignis angekündigt. Als Teil meiner Fitness hatte ich jahrelang täglich frühmorgens eine Wanderung auf den Uetliberg gemacht. Eines Tages, kurz nach dem ich das Haus verlassen hatte, spürte ich ein noch nie empfundenes beklemmendes Gefühl, wie Atemnot auf der Brust. Ich hielt an. Dann verschwand es. Beim Weitergehen kam die Atemnot nach fünf Minuten wieder und so mehrmals, bis ich auf dem Berg war, dann verschwand der einengende Sinnesreiz. Ich spürte den ganzen Tag und auch in der Nacht nichts mehr.

Statt nach diesen ungewohnten Anzeichen sofort den Arzt zu konsultieren, dachte ich, das sei nichts Besonderes gewesen, es gehe wieder vorbei und schob es auf die lange Bank. Das Ungewohnte wiederholte sich zwei bis drei Mal pro Woche, zwei Monate lang. Für mich trotzdem noch kein Anlass zur Besorgnis, weil sich dieses Symptom nicht täglich wiederholte.

Am Tag des Vorfalls spürte ich das Symptom wie bis anhin, konnte aber zu meinem Glück die Tour beenden. Beim Rasieren passierte es. Plötzlich überfiel mich ein leicht schwindliges Gefühl, wie wenn ein Schwachstrom durch meinen Körper fliessen würde. Ich dachte noch, das ist jetzt ein komisches Gefühl. In diesem Moment fiel mir der Rasierapparat aus der Hand, der rechte Arm senkte sich und hing gefühllos am Körper. Es wurde mir schwindliger, und ich musste mich mit der linken Hand am Lavabobecken halten.

Aber das Schlimmste war der Schreck und die Angst, ich könne den Arm nie mehr bewegen und werde von einer Hilfe abhängig sein. Ich probierte wie wild, den Arm zu bewegen, taumelte in die Küche und trank mühsam ein Glas Wasser, schwankte in die Stube und musste mich setzen. So verharrte ich und versuchte verzweifelt, den Arm zu bewegen. Der Schwindel ging langsam vorbei, und nach zirka zwei Stunden veränderte sich auch etwas im Arm. Dann rief ich den in der Nähe praktizierenden Arzt an, der mir sagte, er komme in ungefähr einer Stunde vorbei. Er könne mich auch sofort bei ihm notfallmässig empfangen, falls ich mich vorher soweit erhole und selber im Stande sei, zu ihm zu kommen. Aufgrund meiner Schilderung wusste der Arzt bestens, was mir passiert war. Nach zirka einer halben Stunde konnte ich den kurzen Weg riskieren. Die Pulsmessung zeigte den Wert von 230 statt 130, und er meinte, ich hätte mit dieser Streifung grosses Glück gehabt. Die verschriebenen Medikamente verursachten starke Nebenwirkungen und stimmten mich zunehmend depressiv und abgeschlagen. Die gewohnte Fitness wurde zeitweise auf Null reduziert. Ich musste für ein Jahr das Training aufgeben und war immer in sehr schlechter Verfassung.

In der Folge orientierte ich mich über die Konsequenzen falscher Ernährung, was bei mir ja der Fall war. Sofort änderte ich meine schlechten Ess- und Trinkgewohnheiten fast total, mied den Kaffee, die Fleischwaren, Süssigkeiten und Alkohol. Dann machte ich eine Körper-Entgiftungskur und begann mit einer wöchentlichen Sauna sowie Fastentage und hatte Erfolg.

Das war vor drei Jahren. Ich bin nun achtzig, nehme keine Medikamente mehr, weil ich diese über eine zweckmässige Ernährung, Willen und Disziplin abbauen konnte und wollte. Ich mache auch jeden Morgen meine eigenen Therapieübungen. Arm und Schulter kann ich wieder bewegen wie vorher. Ein Rheumatologe verpasste mir noch eine Spritze in die Schulter. Seither spüre ich keine Schmerzen mehr. Reduziert kann ich meine gesundheitsorientierten sportlichen Tätigkeiten wieder ausüben.

18-50 Japanaufenthalt, Rauchen aufgegeben

Besuch der Weltausstellung 1970 sowie mehrerer Fabriken. Das war damals eine sensationelle äusserst interessante und lehrreiche Zeit. Mentalität, Tradition. Bescheidenheit, Gemeinschaftsgefühl und der Ehrgeiz, zu den Besten zu gehören, zeichnet dieses Volk aus. Sie mussten es aber auch lernen. Freundlichkeit, Zuverlässigkeit, Pflichtbewusstsein und Disziplin wird ihnen auch ganz speziell noch von den Arbeitgebern beigebracht.

Die Grossbetriebe haben betriebseigene Schulen, Krankenpflege, Sportanlagen und Versorgungsmöglichkeiten für den allgemeinen Bedarf, Wohneinheiten, Altersversorgung, Gesundheitstherapien usw. Am Morgen vor Arbeitsbeginn gibt es Frühturnen und geistige Besinnung. Mit dieser Ausstellung zeigten sie der Welt erstmals, dass sie technologisch mit den Russen an der Spitze lagen.

Durch den Besuch verschiedener Fabriken hatte ich Gelegenheit, interessante Einblicke zu erhalten. Schon zu meiner Lehrlingszeit wurde erzählt, dass Japaner mit der Kamera die ganze Welt bereisten, Interessantes kopierten und dann preisgünstig selber herstellten. Ich selber sah in meinem Lehrbetrieb Japaner. Auf diese Weise fingen sie an, ihre Wirtschaft aufzubauen. Sie konnten sich auch

Wirtschaftsspionage und Nachahmungen leisten, weil sie lange Zeit nicht der internationalen Konvention für Patentschutz beigetreten waren. Als sie über genügend ausgebildete Leute und immer mehr eigene Ausbildungszentren verfügten, wendete sich das Blatt schnell. Ausbildung, Forschung und Produktion wurden so stark forciert, dass an einem Projekt bis zehn Mal mehr Ingenieure und andere Fachleute beschäftigt werden konnten, als in jedem anderen Land. Das war gut möglich bei einer Bevölkerungsdichte von schon damals über hundert Millionen Einwohnern auf der relativ kleinen Insel.

Ich machte bei einem Fabrikbesuch persönlich die Erfahrung, wie scharf die Japaner auf Neuheiten waren. Als ich von einer patentierten Schweizer Erfindung erzählte, versuchten sie mich zu überreden, ihnen Unterlagen zu senden. Da ich solche besass und den Erfinder persönlich kannte, lehnte ich dieses Ansinnen ab.

Die Japaner hatten damals den modernsten und schnellsten Zug der Welt, den Tokio Hikari, der mit zweihundertfünfzig Kilometer pro Stunde von der Hauptstadt nach Osaka fuhr. Auf dem Ausstellungsgelände war der Russenpavillon die grösste Attraktion. Auch der Sputnik 1, der erste künstliche Erdsatellit der Welt, war ausgestellt. Er war bewacht, und ich durfte ihn mit Bewilligung der Pavillonleitung betreten. Der Sputnik 1 wurde am 4.

Oktober 1957 auf die Erdumlaufbahn geschossen, der Sputnik 2 am 3. November 1957 mit der Hündin Laika an Bord. Das hat die Amerikaner aufgeschreckt, und der Rüstungswettlauf um die Vormachtsstellung auf der Erde und im Raum begann.

Das Interesse und der Ansturm auf den Russenpavillon waren mit Abstand am grössten. Die tägliche Wartezeit betrug bis zu acht Stunden, und die Besucherschlangen mussten in mehreren Einerschleusen zu den Haupteingängen kanalisiert werden. Weil ich jedoch noch vieles vorhatte, suchte ich nach einem schnelleren Weg. Es gab verschlossene Fluchtausgänge und einen bewachten Hintereingang. Ich wusste, dass der Pavillonchef ein Schweizer war, aber nicht von wo. Also begab ich mich zum Hintereingang, zeigte der Wache den Pass und sagte, ich müsse dringend den Chef sprechen. Er verschloss den Eingang, und wir gingen die Treppen hoch auf die Estrade direkt in sein Büro. Dann ging die Wache wieder.

Die Begrüssung war überraschend freundlich. Er musterte meinen Pass, und ich erklärte ihm meine Situation. Er freute sich an seinem Landsmann und sagte, er komme auch aus Zürich, den Pavillon könne ich mir in Ruhe gratis ansehen. Er war riesengross und ein tolles Erlebnis. Als ich voller Bewunderung im Sputnik einsass fühlte ich mich fast als Kosmonaut. Bis am ersten Abend bestaunte ich diesen Pavillon. Ich wollte aber alles sehen, was jedoch mehrere Tage beanspruchen würde. Doch alle Logiermöglichkeiten waren ausgebucht.

Müde und hungrig setzte ich mich mitten ins grosse Pavillonrestaurant. Viele Leute hatten es schon verlassen. Das Servicepersonal bestand ausser Profis noch aus etwa dreissig japanischen Studenten. Kaum hatte ich Platz genommen, kam die Aufforderung aus dem Lautsprecher, Restaurant und Gelände zu verlassen. Ich konnte ja nirgends hin, also blieb ich einfach sitzen. Es war schon fast alles abgeräumt, die Studenten begannen vorne im Saal für ihr eigenes Abendessen die Tische zu decken. Niemand nahm Notiz von mir, die dachten wohl, ich sei ein Kontrollorgan oder der Kaiser persönlich.

Ich sass einfach da mitten im Saal, wie bestellt und nicht abgeholt, sinnierte vor mich hin und hoffte auf Hilfe. Die Leute begannen mit dem Essen, plötzlich stand einer auf, kam zu mir und fragte, warum ich noch geblieben sei. Ich erzählte ihm meine Geschichte und zeigte ihm den Pass. Er freute sich, dass ich Schweizer war. Spontan lud er mich zum Essen ein. „Sie können nachher mit mir mit dem Zug ins zwanzig Kilometer entfernte Studentenheim fahren. Dort gibt es schon eine Schlafgelegenheit. Sie können so lange bleiben, bis Sie die Ausstellung gesehen haben."

Dann sagte er auch, falls ich länger in Japan bleiben möchte, könne er mich bei seinen Eltern anmelden, es habe genug Platz in ihrem Haus und ein Auto stünde mir auch zur Verfügung. Ich bedankte mich herzlich für die spontane Gastfreundschaft, welche ja eindrücklicher nicht hätte sein können. Mein Aufenthalt sei aber beschränkt, und ich wolle noch Fabriken in Tokio und Yokohama besuchen.

Die Luftfeuchtigkeit in Japan ist sehr hoch, und mir bekam dieses Inselklima schlecht. Das T-Shirt war immer durchnässt vom Schweiss. Ich taumelte von einem Strassenbistro ins andere, vor allem in der Chinatown.

Am Tag vor meiner Abreise besichtigte ich im Hafen von Yokohama noch die grossen Schiffe. Es wehte ein heftiger Wind, weshalb mich eine starke Erkältung befiel. Weil ich fast Kettenraucher war, hat es mich besonders unangenehm erwischt. Schon während dem Rückflug wurde ich mit Antibiotika gepflegt. Wieder in der Schweiz, empfahl mir mein Hausarzt, der Lunge zuliebe mit dem Rauchen aufzuhören. Nur mit dem Willen und ohne Mittel habe ich es geschafft. Es war eine harte Zeit und dauerte über ein halbes Jahr. Ich war manchmal fast am Verzweifeln und wollte aufgeben, weil der Körper so stark auf den Nikotinentzug reagierte, dass es mir oft sehr übel war.

Nachdem ich die Krise überstanden hatte, konnte ich die sportlichen Betätigungen und das Tauchen wieder aufnehmen. Eine komplette Regeneration der Lunge vollzieht sich in drei Etappen zu sieben Jahre. Warum das so ist und einundzwanzig Jahre dauert, wurde in einer wissenschaftlichen Studie begründet. Auch während der Raucherzeit habe ich mässig Sport betrieben, aber nach der Entwöhnung fühlte ich mich viel besser. Bei Spitalaufenthalten geht der Heilungsprozess schneller voran, und für das Pflegepersonal ist die Betreuung angenehmer. Mit meinen achtzig Jahren mache ich immer noch Tauchübungen und versuche mich mit viel Bewegung so fit wie möglich zu halten.

18-51 Das Ferienhaus

Ich sah einmal ein idyllisch gelegenes altes Holzhüsli, direkt am Waldrand eines Bergdorfes und wünschte, es würde mir gehören oder ich könnte es mieten. Auch die Gegend war bezaubernd. Meine Recherchen ergaben, dass das Objekt eine Geschichte hatte, einem jung verstorbenen Künstler gehörte und später an eine Krankenpflegerin überging. Es stand in der Landwitschaftszone und war nur für Idealisten geeignet.

Es war vor dreissig Jahren, als ich diese Entdeckung machte. Die Besitzerin dieses Bijou war zu dieser Zeit schon eine alte Frau und selten anwesend. Ich konnte mit ihr jedoch nur einen Mietvertrag abschliessen, weil sie nicht verkaufen wollte solang sie lebte, da es für sie eine spezielle Bedeutung habe. Ihre im Ausland lebende Tochter könne später damit machen, was sie wolle. Mir war das egal, Hauptsache war, dass ich es benutzen durfte. Ich kannte ihre Tochter, weil sie im Jahr mehrmals in die Schweiz kam, dieses Hüsli, Verwandte und noch ein anderes ihr gehörendes Objekt besuchte.

Es stand ganz allein auf einer Anhöhe ausserhalb des Dorfes, hatte keinen Wasseranschluss und nur eine Latrine als WC, wie es früher bei allen alten Häusern der Fall war. Das Wasser zum Kochen und

Waschen, musste ich beim nächst gelegenen Dorfbrunnen holen und den Berg hinauftragen. Aber für diese Mühe wurde ich mit Erholung in gesunder Natur sowie der einmalig ruhigen Lage dieses Objekts mehr als entschädigt. Wenn ich im Bett lag und durchs Fenster schaute, hatte ich ein herrliches Bergpanorama vor Augen. Im Winter gab es viel Arbeit mit Schneeräumen, um einen schmalen bis zum Haus führenden Pfand zu bahnen. Dann ging es nicht mehr weiter. Hinter dem Haus lagen bis zu zwei Meter Schnee. Gekocht habe ich dann mit Schneewasser. Geheizt wurde mit einem Holz- und Gasofen. Strom für Licht und eine Telefonleitung waren vorhanden.

Nach vier Jahren starb die Besitzerin. Ihre Tochter verkaufte mir das Haus dann sofort. Jetzt begann die strenge Zeit der Renovation. Ein Teil wurde vom Wasser-, Elektrizitätswerk, der Feuerversicherung sowie anderen für den Umbau zuständigen Institutionen vorgeschrieben, damit die Änderungen gesetzeskonform ausgeführt wurden. Die Pläne hatte ich selber gezeichnet und der Gemeinde eingereicht, welche ja für die Erteilung der Baubewilligung zuständig war. Vieles, was erlaubt war, habe ich in der Freizeit als Allrounder über drei Jahre verteilt direkt ausgeführt.

Im Mietverhältnis genoss ich das Haus im alten Zustand. Es war mit antiken Möbeln und einmaligen

Schnitzereien vom verstorbenen Künstler ausgestattet. Auch die Umbauzeit betrachtete ich immer als Erholung. Weil es am Hang stand, hatte es einen unteren und einen oberen Eingang, Der zusätzliche kleine Anbau ermöglichte mir, den Balkon über zwei Seiten zu führen. Der nachträgliche Komfort nach der Umbauzeit im Vergleich zum alten Zustand beinhaltete zwei WCs, zwei Lavabos, ein Bad, eine Küche und eine Aussendusche.

Da ich selbständig war, konnte ich auch die Zeit besser einteilen, um mich an diesem Domizil zu erholen. Auch mein Hund freute sich und merkte immer schon bevor wir uns auf den Weg machten, wohin die Reise ging. Ich sagte nur: „Joli, mir gönd is Hüsli." Die nahe Umgebung war romantisch. Es gab auch eine Burgruine und ein Höhlenlabyrinth im darunter liegenden Felsen-Waldgebiet. Ebenso bildeten die in der Umgebung liegenden Maiensässen und Alpen ein abwechslungsreiches Wandergebiet.

Nach weiteren dreizehn Jahren veränderte sich die Situation um meine Behausung drastisch und auch unangenehm. Die Romantik wurde zerstört. Grosse und kleine Tannen um mein Domizil herum wurden gefällt und Häuser für Einheimische geplant. Als ich das erfuhr, entschloss ich mich, sofort zu verkaufen, weil die ganze Idylle, die liebste Atmosphäre, in einer Landschaftsverschandelung endete.

So werden auf der ganzen Welt Natur- und Landschaftsgebiete vernichtet, verbetoniert und dem Moloch Fortschritt geopfert. Immer mehr Tierarten sterben aus, und die Umwelt erleidet irreparable Schäden. Aber die Verantwortlichen merken nicht, dass die zunehmend roboterisierten Lebensbedingungen der Völkergemeinschaft den Rückschritt beschleunigen und sich die alten Prophezeiungen erfüllen.

18-52 Die Dobermann-Hündin Jolanda

Sie war meine beste Freundin, genannt „Joli". Sie war drei Monate alt, als ich sie bei einem Züchter abholte. Als ich mit der Besitzerin vor dem Zwinger stand, kamen alle fünf Jungen angerannt. Die „Joli" stand als erste am Gitter, und ihre Augen schauten mich an, als wollten sie sagen: „Nimm mich mit." Die Züchterin klärte mich auf, das sei eine Hündin, und ich erwiderte sofort: „Die nehme ich!" Wie sich später herausstellte, war es eine sehr gute Wahl. Die Züchterin nahm das Hündchen auf den Arm, und wir gingen ins Haus, um die Formalitäten zu erledigen und abzurechnen. Als ich bezahlt hatte, hob ich das Tierchen auf die Knie und sagte zum ihm: „Du bist jetzt meine Kameradin fürs Leben. Nichts wird uns trennen, bis zu deinem oder meinem Tod." Und so haben wir es auch gehalten.

Die Autofahrt, das Angewöhnen in die neue Umgebung, das Getrenntsein von Geschwister und Mutter machten dem Teenager anfänglich schon zu schaffen. Zu meinem geschäftlichen Stress gab es für mich auch etliche Mehrarbeit bis die Kleine versäubert war. Alle zwei Stunden musste ich mit ihr nach draussen gehen, um ihr zu zeigen, wo sie das Geschäft erledigen darf. Nach dieser Zeit der

Einübung kamen die Jahre des jugendlichen Übermuts, der Spielfreude und des Schabernacks.

Zwischendurch musste sie langsam das Gehorchen lernen mit Sitz, Platz etc. Aber ohne jedes Mal bei einem gelungenen Versuch eine kleine Belohnung, verbales Lob, sowie ein paar Streicheleinheiten zu erhalten, lässt man sich nicht gern in eine Zwangsjacke stecken. Ohne Geduld und Liebe geht es nicht, Nervosität und Brutalität bringen gar nichts. Auch die Tiere vergessen nie, was ihnen angetan wurde, ob Gutes oder Böses. Viele Hundebesitzer sind sich über eine korrekte, erfolgreiche Erziehung ihres Vierbeiners im Unklaren, haben sich nie orientiert, scheuen die Mühe oder haben zu wenig Zeit. In diesem Fall sollte man auf ein Tier verzichten. Es braucht Zuwendung und genügend Auslauf. Alles andere ist keine artgerechte Haltung und Tierquälerei. Eine gute Erziehung gibt viel Arbeit, braucht Nerven und Geduld. Als Belohnung kann man die Früchte der Hundeerziehung ernten und sich über den treuen Begleiter ein Leben lang freuen, statt sich zu ärgern.

Nach den ersten Jugendjahren begann der Ernst des Lebens auch für meine „Joli". Sie hat sich bis zum neunten Lebensmonat ausgetobt, normalerweise etwas zu lang. Als Teenager hatte sie einiges angestellt und, wie könnte es anders sein, auch Hundefeinde mit ihrer Spielfreude geärgert. Nichts war vor ihr sicher. Alles, was sich bewegte, wurde verfolgt, Katzen, Hühner, Pferde etc., sogar die Vögel am Himmel. Diesem Treiben musste Einhalt geboten werden. Anderseits bereitete sie aber auch viel Freude. Sie war eine schöne Hündin und auch freundlich zu Kindern. Wenn plötzlich ein kleines Kind zu ihr hin rannte, die Eltern dabei Todesangst ausstanden, liess sie sich alles geschehen. Einmal nahm ich sie mit ins Einkaufszentrum, als plötzlich eine Frau begeistert rief: „Pappi, lueg emol de schön Hund!" Wegen dem Wild habe ich im Wald meinen Junghund vor Dressurabschluss selbstverständlich immer an der Leine geführt. Später war der Leinenzwang nicht mehr nötig. Das bewies ich auch einem Wildhüter.

Schon als ich mich für einen Hund entschied, nahm ich mir vor, diesen zu dressieren. Ich wollte ihn nicht ein Leben lang an der Leine führen, sonst hätte ich lieber darauf verzichtet. Damit ein Leben überhaupt lebenswert ist, braucht das Tier ein Minimum an Freiheit, genau wie der Mensch. Das alles wurde aber von den irdischen Gebietern über Leben und Tod, Recht und Unrecht seit jeher missachtet, indem sie das Leben nur nach den eigenen egoistischen Ansprüchen gestalten und vorschreiben.

Im neunten Monat, schon reichlich spät, begann die Dressur zwei Mal pro Woche auf einem Dobermann Trainingsplatz. Anwesend waren immer zehn bis zwölf Leute, deswegen gab es ein Zeitproblem. Weil alle Hunde eine Übung beenden mussten bis die nächste in Angriff genommen werden konnte, waren lange Wartezeiten unvermeidlich. Das ging mir alles viel zu lang, weshalb ich mich nach einer effizienteren Lösung für eine Toperziehung umsah. Es war eine hektische Zeit, und ich hatte grosses Glück.

Eines Tages, als ich mit dem Hund im Auto durch den Wald über den Zürichberg fuhr, sah ich auf einem Seitenweg zwei Personen mit einem Hund. Das war nichts Ungewöhnliches. Trotzdem hatte ich den unwiderstehlichen Drang, dorthin zu gehen und parkierte das Auto. Ich schlich mich unerkannt in die Nähe und sah sofort, dass dort etwas passierte. Ich konnte beobachten, wie ein Mann den Hund einer Frau dressierte. Sie waren an der letzten Übung, und ich wartete geduldig fünfzehn Minuten lang, bis sie mit der Dressurarbeit fertig waren. Nachdem sich die Frau verabschiedete hatte, eilte ich zum Mann, stellte mich vor und meinte:, „Ich nehme an, dass sie eine Dressur beendet haben." Er erwiderte, das sei ja fast sein Beruf, aber er habe zu viel Arbeit. Ich seufzte: „Da können Sie meinen wohl nicht nehmen?" „ Das ist absolut unmöglich", war die Antwort. Er sah mir die gewaltige Enttäuschung an und blickte mir in die mit Tränen gefüllten Augen. Wohl aus purem Mitleid fragte er plötzlich: „Was haben Sie für einen Hund? Wie alt und wo ist er? Also mit einem Dobermann in seinem Alter sollten Sie jetzt unbedingt mit der Dressur beginnen. So holen Sie ihn halt, aber heute habe ich keine Zeit mehr." Mir stockte der Atem vor Freude. Der Dressurleiter fand meine Hündin schön. Er werde die Dressur machen, aber ich müsse zwei Mal pro Woche, auch am Samstag oder am Sonntag, zu ihm auf seinen privaten Trainingsplatz nach Urdorf kommen und immer pünktlich sein.

Der Mann war 60 Jahre alt und hatte sein ganzes Leben nur der Hundeerziehung gewidmet. Er war Instruktor, Experte und Richter und nahm die Prüfungen auf den Trainingsplätzen bei verschiedenen Vereinen und Clubs ab. Sein schönes privates Übungsgelände mit einer Hütte für Trainingsutensilien, Theorie und Imbiss lag direkt am Waldrand. Es ging zu und her wie im Militär. Seine Ausstrahlung verschaffte sich bei jedem Hund grössten Respekt. Darum lernten sie auch viel. Die „Joli" erhielt in den zwei Erziehungsjahren eine tolle Ausbildung, und ich habe ihr auch noch vieles selber beigebracht.

Mein Wunsch ging also in Erfüllung, ihr meistens unangeleint auch im Wald möglichst viel Freiheit zu geben. Sie dankte es mir, indem sie aufs Wort gehorchte und nie etwas anstellte. Auch ein Wildhüter wollte es einmal wissen. Die Rehe waren ihre

Freunde. Auch andere Hunde wurden in Ruhe gelassen. Wenn aber einer angriff, packte sie ihn an der Gurgel, verletzte ihn aber nicht. Dann suchte der Angreifer das Weite. Sie ging auch gern schwimmen und tauchen, letzteres hat sie mir abgeschaut. Wenn ich zum Beispiel auf einer erhöhten Stelle stand und einen Kopfsprung machte, sprang sie hinterher, ebenfalls mit dem Kopf eintauchend. Vor einem Bergsee stand ein Felsen, wo wir uns mit Kopfsprüngen vergnügten. Ein deutsches Ehepaar war begeistert. Sie sagten: „So etwas haben wir noch nie gesehen. Würden Sie es noch einmal für uns machen? Wir möchten es gern filmen." So erlebten wir zusammen unvergessliche Stunden und wurden zu einem unzertrennlichen Team.

Alles geht einmal zu Ende, aber die letzte Lebensphase meiner geliebten „Joli" wurde zur Tragödie. Sie litt an Gelenkschmerzen der Hinterläufe und konnte kaum mehr gehen. Die stärksten Medikamente halfen nichts mehr. „Joli" verweigerte plötzlich auch die Nahrung. Wir waren an einem Sommernachmittag noch am Türlersee und fühlten beide, dass es die letzten Stunden vor dem Abschied in eine andere Welt waren. Sie wollte noch einmal ins geliebte Wasser, das auch etwas Linderung brachte. Langsam schwamm sie unter meinen wachsamen Augen etwa zwanzig Meter vom Ufer weg. Dann verliessen sie die Kräfte, und sie begann zu sinken. Blitzschnell zog ich die Schuhe aus, schwamm in den Kleidern zu ihr, tauchte unter sie und trug sie auf dem Rücken ans Ufer, wo sie das geschluckte Wasser erbrechen musste.

Ich trug sie ins Auto und fuhr nach Hause, wo der letzte Akt des Dramas begann. Ich legte sie behutsam auf ihr Lager, wo sie apathisch da lag. Ich merkte ihr den Schmerz an. Es war für mich unerträglich, mein Liebstes und Treustes in meinem turbulenten Leben zu verlieren. Ich war fest entschlossen, gemeinsam in den Tod zu gehen, lud meine Pistole, wollte zuerst sie erschiessen und dann mich. Ich lief im Zimmer hin und her, kämpfte die ganze Nacht mit dieser Entscheidung, brachte es aber nicht übers Herz.

Gegen Morgen rief ich die Tierambulanz an, welche meine Hündin für die Todesspritze zu meinem Tierarzt bringen sollte. Ich war psychisch so fertig und nicht mehr in der Lage, es selber zu tun.

Drei Stunden später rief ich den Tierarzt an, ob sie schon tot sei und ob ich sie noch einmal sehen dürfe. Er sagte ja, ich solle nur kommen und in aller Ruhe von ihr Abschied nehmen. Er werde mich am Nebeneingang empfangen. Herr Komaromy ist ein sehr lieber, verständnisvoller Mensch. Er hat mich in einen Nebenraum begleitet, wo er „Joli" extra für mich aufgebahrt hatte. „Bleiben Sie solang Sie wollen, es wird Sie niemand stören." Ich sass zum letzten Mal fast eine Stunde bei meiner „Joli". Sie schaute mich mit ihren offenen liebevollen Augen an. Ich umarmte und streichelte sie. Die Tränen flossen in Strömen. Für mich brach eine Welt zusammen. Noch zwei Jahre lang nach ihrem Tod kamen mir immer, wenn ich an sie dachte die Tränen, vor allem auf den Wegen, die wir immer gemeinsam erwandert oder an den stillen Orten, wo wir uns aufgehalten hatten.

So stark kann die Bindung zu einem Geschöpf Gottes werden, mit dem man fast wie mit einem Mensch reden konnte. Tiere sind vorausahnend, können fühlen, was vergessen wurde, man tun müsste oder möchte.

18 53 Die Rotschwanzdrossel

Mein Auto stand auf dem Parkplatz unter einem Kastanienbaum. Eines Morgens zur Brutzeit der gefiederten Freunde hatte ich wie üblich einen Termin und war ziemlich in Eile. Als ich auf das Auto zuging, sah ich ein nacktes, aus dem Nest gefallenes oder verstossenen Vögelchen direkt vor einem der Vorderräder liegen. Ich erbarmte mich seiner. Die Gedanken wirbelten mir im Kopf herum, was ich für das Vögelchen tun könnte. Ins Nest zurücklegen kam nicht in Frage, weil es die Eltern nicht mehr akzeptieren würden.

In meinem Mitleid hob ich das arme Tierchen behutsam auf, ging in die Werkstatt und legte es auf einen Tisch. Anschliessend telefonierte ich, um den Termin zu verschieben. Dann fasste ich den ebenso aussergewöhnlichen wie riskanten Plan, zu versuchen das Tier zu retten, aufzuziehen, um bei Erfolg eine seltene Freundschaft zu haben. Gerettete Tiere vergessen nie und kommen, nach gelungenem Experiment wieder in die Freiheit entlassen, periodisch zurück, um sich beim Retter zu bedanken und ihm eine Freude zu bereiten. Ich glaubte, es könnte eine Amsel oder Rotschwanz-Drossel werden, welche so ziemlich alles fressen, wie Insekten, Früchte, milden Käse und so fort.

Am ersten Tag gab es aber nur ein wenig lauwarmes Wasser mit ein paar Tropfen Milch zu trinken. Ich musste dem Vögelchen die ersten Male den Schnabel mit einer Pinzette öffnen und mit einem Röhrchen die Flüssigkeit einträufeln. Und tatsächlich, es schluckte das ihm Gereichte. Gefüttert wurde mehrmals täglich, wie es die Vogeleltern auch machen. Die Vögel wachsen schnell. Gearbeitet hatte ich damals zuhause. Es war eine spannende Zeit, zu sehen wie das Tierchen gedieh, aufwuchs und Fortschritte machte. Mein erster Gang am Morgen war nachzusehen, wie es dem Kücken ging. Schon am zweiten Tag gab es verdünnte Milch mit Brot, bald auch etwas von einer Kirsche usw. Es hatte immer alles gierig geschluckt und mich bald auch mit Piepsen begrüsst. Das Zuhause war statt ein Baum eine Kartonschachtel mit einem Nest aus einigen Zweiglein und Blättern. Ich habe das Vögelchen „Tschipsi" getauft.

Bald setzte „Tschipsi" Flaum an, bewegte auch die Flügel immer schneller, begann zu hüpfen und sass nicht mehr im Nest, wenn ich kam, sondern irgendwo auf dem Schachtelboden. Nun war es an der Zeit, eine viel grössere Schachtel zu präparieren, damit sie von Zweig zu Zweig hüpfen, die Flügel stärken und das Fliegen lernen konnte. Das samtweiche Federkleid entwickelte sich prächtig, und bald wurde auch das Schachtelleben zu eng. Ich glaube, es war irgendwann im zweiten Monat als ich sie von der Schachtel befreite und ihr den Werkstattraum zur Verfügung stellte, damit sie einen grösseren Aktionsradius hatte. Ich war auch wieder öfters abwesend, und jedes Mal, wenn ich zurück kam und das Auto parkierte, fing sie an zu pfeifen. Kam ich zur Tür herein, und sie sass beispielsweise in der hintersten Ecke, rief ich „Tschipsi, chum!", und schon hüpfte und flatterte sie auf mich zu, setzte sich auf meinen hingehaltenen Arm und später auch auf die Achseln oder den Kopf, wetzte den Schnabel an den Händen oder einer Wange. Manchmal sass sie aber in der Nähe der Türe, und dann musste ich aufpassen, damit sie mir nicht entwischte.

Bis zur Entlassung in die Freiheit wollte ich sie mindestens drei Monate behalten, damit sie genug Kraft hatte, sich in der neuen, ungewohnten Welt zu behaupten. Also habe ich mich entschlossen, sie in den separaten Schachtel-Lagerraum zu zügeln. Ich stellte die grossen Schachteln so aufeinander, dass sie bis fast unter die Decke reichten. Von dort aus konnte „Tschipsi" den Steig- und Sinkflug üben. Nun gab es aber ein Problem mit einer Krankenschwester, die auf dem Weg zur Arbeit täglich zwei Mal an der Fensterseite des Lagerraums vorbei ging und immer „Hallo, Tschipsi" rief. Sie kannte den Vogel, weil ich ihr die Geschichte einmal erzählt hatte und sie „Tschipsi" sehen wollte.

Eines Tages als ich nach Hause kam, vermisste ich die übliche Begrüssung. Ich schaute sofort nach. „Tschipsi" war nicht mehr im Lagerraum. Ein Schreck überkam mich. Ich war untröstlich, aber nicht ganz schuldlos am Verschwinden des Vogels. Ich hatte vergessen, die Oberlicht-Kippflügel etwas mehr zu schliessen. Diese waren an der oberen Kante mit zehn Zentimetern etwas zu weit offen, und wenn „Tschipsi" auf der obersten Schachtel sass, konnte sie durchschlüpfen und war dazu erst noch motivierter, wenn nach ihr gerufen wurde. Am andern Tag stellte ich die Frau, worauf sie mich orientierte, dass „Tschipsi", nachdem sie gerufen habe, hinausgeflogen sei, sich auf den nahen Hag und dann auf den Boden setze. Sie habe keine Zeit mehr gehabt, sich um das Vögelchen zu kümmern. Vermutlich wurde „Tschipsi" das Opfer einer Katze.

So endete in meinem Leben auch einiges mit Enttäuschungen. Ich musste lernen, Niederlagen zu verarbeiten und den Blick in die Zukunft zu richten.

18-54 Die Heilsarmee

Noch etwas scheint mir wichtig und bedeutungsvoll. Schon in jungen Jahren, wenn ich abends in ein Restaurant ging, kam bestimmt und wie verabredet auch die Heilsarmee. Ich freute mich jedes Mal, weil ich immer einen Wunsch auf Lager hatte. Sie kamen hinein zu zweit oder zu dritt und sangen ein Lied mit Gitarrenbegleitung. Das berührte mich immer tief. Dann machten sie die Spendenrunde von Tisch zu Tisch. Bei mir angelangt, hatte ich immer den gleichen Wunsch und sagte fast scheu: „Würden Sie mir noch ein Lied singen?" Aber die Gitarre musste dabei sein. „Ja, natürlich, gern." Und dann ertönte aus voller Kehle mein wunderschönes Lieblingslied „Näher mein Gott zu dir". Weil ich diese Sehnsucht immer hatte, hoffe ich, dass sie erfüllt wird.

18-55 *Der letzte Lebensabschnitt und die Seniorenarbeit*

Als ich mit fünfundsechzig Jahren noch kein bisschen müde war, begann das Leben von neuem, aber in einem andern Sinn. Bei jedem Mensch verläuft dieser Endspurt etwas anders und nicht immer oder gar nicht nach Plan.

Da ein turbulentes, nicht immer einfaches Leben meine Vergangenheit zeichnete, bin ich im Rückblick dankbar, vergleichbar dem Erlebten noch relativ fit und bei entsprechend angemessener Gesundheit zu sein. Viele, die in ihrem Leben ebenfalls hart arbeiten mussten und sich auf einen angenehmen Lebensabend gefreut hatten, hatten dieses Glück nicht, da sie krank wurden oder der Tod vorher eingetreten war.

Ich habe mich deshalb, aber auch weil mir eine nützliche Arbeit immer Spass machte und ein Stück Lebensinhalt bedeutete, entschlossen, weiterhin etwas zu tun in Form von Hilfeleistung für jene, die weniger Glück hatten, die im Haushalt erforderlichen Arbeiten nicht mehr selber verrichten oder die hohen Handwerkerpreise mit einer kleinen Rente nicht bezahlen konnten.

Deshalb gründete ich nach der Pensionierung mit fünfundsechzig Jahren die Dienstleistung „*Senioren helfen Senioren*". Ich führte diese zehn Jahre aus. Zu verdienen gab es für die oft aufwendige Arbeit fast nichts. Manchmal blieb es bei den Spesen oder war in berechtigten Fällen auch kostenlos. Die Seniorinnen und Senioren waren dankbar und schätzten diese Art Hilfeleistung. Sie war für das Gewerbe auch keine Konkurrenz.

Ich glaube auch, dass darauf ein Segen liegt, wenn man sich für eine solche Altersbeschäftigung entscheiden kann. Es gab natürlich auch Gutsituierte, die einfach einen preisgünstigen Handwerker suchten. Das merkte man aber bald. Dass sich gute Taten irgendwann ausbezahlen, durfte ich auch bei dieser Tätigkeit erfahren.

Da hatte eine reiche Seniorin vom Zürichberg angerufen und gleich erwähnt, sie melde sich nicht, um wenig bezahlen zu müssen, sondern weil sie das eine gute Sache finde. Ich verdankte das ermunternde Kompliment und meldete mich am Morgen zum vereinbarten Termin bei ihr. In ihrem Haus hatte sie noch ein Logis an eine Studentin vermietet.

Bezüglich meiner Aufgabe ging es um das Ersetzen des alten Kühlschranks. Die Auftraggeberin war eine neunzigjährige, noch rüstige, freundliche Dame mit schneeweissen Haaren. Sie meinte, sie hätte bei der Firma SIBIR einen neuen bestellen können, aber sie möchte die gute Idee der hilfreichen Senioren unterstützen. Es genüge auch eine Occasion, sie wisse ja auch nicht, wie lange sie noch lebe.

Ich entfernte den alten, defekten vierzigjährigen Kühlschrank und putzte die Nische sauber heraus. Dann organisierte ich eine neuwertige dreijährige Occasion, die genau in die Nische der Kombination passte. Der Verkäufer nannte mir den Preis, und ich sagte, ob es etwas billiger gehe, es sei für eine arme Frau (hätte ja sein können). Er sagte einverstanden, aber ich müsse ihn gleich mitnehmen.

Wir luden ihn in meinen Kombi, und ich fuhr zurück durch den Park direkt vor die Haustür. Aber damit war er noch nicht im ersten Stock. Ich läutete der Frau, und wir standen so beim Kühlschrank, hielten Rat und hofften, dass er sich von allein in den ersten Stock begeben würde. Ich überlegte mir noch, einen Mann von der Strasse zu holen und ihm zwanzig Franken für die Hilfe zu offerieren. Fast im selben Augenblick geschah das kleine Wunder. Die Studentin kam hinunter und fragte: „Müssen Sie den Kühlschrank hinauftragen? Ich helfe Ihnen." Und schon war es passiert.

Ich installierte ihn und musste der Frau noch eine andere Arbeit verrichten, die um achtzehn Uhr fertig war. Dann sagte die Dame, sie habe gekocht und ich müsse mit ihr das Nachtessen einnehmen. Es war vorzüglich mit Wein und Dessert.

Wir plauderten bis zweiundzwanzig Uhr Dann sagte sie: „So, jetzt machen Sie mir die Rechnung." Ich zählte zusammen: der Kühlschrank hundert statt hundertfünfzig Franken, das Entsorgen, Arbeit und Spesen macht total dreihundertfünfzig Franken. Sie hat mich fast angeschrieen und gesagt: „Das können Sie doch nicht machen zu diesem Preis, da verdienen Sie ja gar nichts." Sie entfernte sich, holte eine Flasche Champagner, eine Flasche Spezialkräuterschnaps, dazu achthundert Franken und sagte: „Das müssen Sie nehmen. Etwas anderes kommt nicht in Frage." Solche Beispiele, wo mehr bezahlt wurde als verrechnet, gab es nur wenige. Die Frau mit dem Kühlschrank war mit Abstand die grosszügigste.

Ein weniger erfreuliches Beispiel war die arme Seniorin mit ihrem von den vielen Operationen entstellten Gesicht. Sie getraute sich kaum noch aus der Wohnung. Diese wurde etwas renoviert, aber die leichteren Gegenstände und was an die Wand gehörte, wurde nicht mehr platziert. Ich habe das gemacht, dazu noch die Wanduhr zum Laufen gebracht. Ein Uhrengeschäft hat ihr zweihundertfünfzig Franken abgenommen, angeblich für deren Reparatur, die gar nicht gemacht wurde. Ich habe dann für alles nichts verlangt. Es gibt schon Menschen ,die es fertig bringen, arme Leute, welche auch noch gesundheitliches Leid ertragen müssen, zu betrügen und bei ihnen abzuzocken.

Mein bester Rat an alle: Nicht alles glauben, egal aus welcher Ecke es kommt, kritisch sein, Augen und Ohren offen halten, dann wird der Dümmste bald merken, dass sich alles auf dieser Welt nicht um Nächstenliebe sondern ums Geld und um Einfluss dreht. Der Eigennutz bringt alle unter die gleiche Decke, auch die, welche das Gegenteil behaupten. Vor allem, wenn es um die Gesundheit geht, wird es eng, Logik und Erklärungsnotstand beherrschen die Szene.

Die Unfehlbarkeit der weissen Götter verblasst, und die Pharmaindustrie lässt eine Flut von krankmachenden Werbegags über die TV-Studios prasseln. Für das kleinste Fehlverhalten unseres Körpers wird eine Krankheit und dazu gleich noch das passende Medikament erfunden, und die Kassen bezahlen es, weil die Ideen von ihren ausser Zweifel stehenden Freunden kommen.

Dass eine zweckmässige Ernährung das Alpha und Omega der Gesundheit ist, wird immer noch zu wenig in Betracht gezogen. Schon viele haben es bewiesen. Trotzdem wird von der Schulmedizin zu wenig darauf aufmerksam gemacht. Warum wohl?

Darüber brauchen wir uns nicht zu unterhalten, das wurde schon zu oft erfolglos getan. Zu empfehlen ist das nachstehende Buch, dann ist man grundsätzlich orientiert: *"Neue Erkenntnisse in der Naturheilbehandlung"* von Dr.med. Alexander Rosendorff.

Obwohl die Geschichten, welche das Leben schreibt Realität bleiben, hätten es viele in der Hand, ihre eigene etwas angenehmer zu gestalten. Ich möchte deshalb die Gedanken einer Frau weitergeben, weil diese gefühlvoller und zutreffender nicht sein könnten. Als ich vor Jahren bei ihr eine Seniorenarbeit ausführte, drückte sie mir bei der Verabschiedung einen handgeschriebenen Zettel in die Hand, worin zu lesen war:

18-56 *Alles nur geliehen*

Es ist alles nur geliehen, hier auf dieser Welt.
Es ist alles nur geliehen, aller Reichtum, alles Geld.
Es ist alles nur geliehen, jede Stunde voller Glück.
Musst Du eines Tages gehen, lässt du alles hier zurück.

Man sieht tausend schöne Dinge, und man wünscht sich dies und das.
Nur was gut ist und was teuer, macht den Menschen heute Spass.
Jeder will noch mehr besitzen, zahlt er auch sehr viel dafür.
Keinem kann es etwas nützen, es bleibt alles einmal hier.

Jeder hat nur das Bestreben, etwas Besseres zu sein,
Schafft und rafft das ganze Leben, doch was bringt es ihm schon ein.
Alle Güter dieser Erde, die das Schicksal uns beschert,
Sie sind nur auf Zeit geliehen, auf die Dauer gar nichts wert.

Darum lebt doch euer Leben, freut euch neu auf jeden Tag.
Wer weiss, was die nächste Stunde, was der Morgen bringen mag.
Freut euch an den kleinen Dingen, nicht nur an Besitz und Geld.
Es ist alles nur geliehen, hier auf dieser schönen Welt.

In meinem achtzigsten Lebensjahr habe ich einen Teil meiner Erfahrungen niedergeschrieben, welche als einer von vielfältigen Lebensabläufen unter den Menschen für einige von Interesse sein dürften.

Nachwort

Angesichts all der sonderbaren Ereignisse und Erfahrungen, welche sich wie ein roter Faden durch mein Leben zogen, dürfte wohl niemand auf die Idee kommen, dass alles nur Zufall und keine göttliche Fügung am Werk war. Besonders hervorzuheben sei, dass mir viel Gutes und Schlechtes gezeigt wurde, was das allgemeine Treiben der menschlichen Gesellschaft in Politik, Wirtschaft, Kultur und Religionen betrifft und zu mehr berechtigter Kritik als Lob Anlass gibt. Aber da die Werke und Wege zu Ende geführt werden müssen, welche die Menschen in ihrem freien Willen immer selber gewählt und verursacht haben, dürfte alles klar und eine Kritik über Leiden und Leben wirkungslos bleiben.

Gott hat beschlossen, dass das Werk und Experiment mit seinen Menschenkindern nach dem Sündenfall vollendet wird. Und was Gott beschlossen hat, muss erfüllt werden. Man kann sich nicht dem freien Willen und der Entscheidungsfreiheit erfreuen und sich, wenn etwas schief läuft, konsterniert und verzweifelt fragen: Wo war denn Gott, dass er dies zugelassen und mir nicht geholfen hat? Das Entsetzten in der Selbstgerechtigkeit nimmt kein Ende: Ich war doch immer so ein guter Mensch, habe niemandem etwas Böses getan etc. Jeder macht Fehler, es ist uns nur nicht alles bewusst. Gott ist nicht nur präsent, wenn wir Hilfe brauchen. Aber oft wird er vergessen oder gar verleugnet. Dessen ungeachtet ist er immer für alle da. Wenn wir ihn ehrlich, nicht nur aus Eigennutz, um etwas bitten, dann wird es auch erfüllt.

Gott ist die mächtigste wandelbare Energie. Er kann sich Menschen als Mensch sichtbar machen, Sekundenvisionen erzeugen, ihre Gedanken und Taten beeinflussen und über seine irdischen und ausserirdischen geistigen Diener die mannigfaltigsten Ereignisse steuern, welche dann die unterschiedlichen Folgen des gelebten Verhaltens sind. Für den Lebensweg zu empfehlen sind stetes Bemühen um mehr Erkenntnis über das uns Verborgene.

So seltsam das tönt, aber wahr und schwer zu begreifen ist, waren auch die schönen Zeiten in meinem Leben ein unaufhaltsamer Kampf. Wenn meine Stunde geschlagen hat, werde ich gehen wie ich gekommen bin, lautlos, ohne Umfeld und Abschiedstrauer, aber in der Hoffnung, dass ich in der Nähe des Schöpfers bleiben darf.